A proteção jurídica aos animais no Brasil

Confira as publicações da Coleção FGV de Bolso no fim deste volume.

FGV EDITORA

FGV de Bolso
Série História

A proteção jurídica aos animais no Brasil
Uma breve história

Samylla Mól
Renato Venancio

Copyright © Samylla Mól e Renato Venancio

1ª edição – 2014; 1ª reimpressão – 2019.

Impresso no Brasil | Printed in Brazil

Todos os direitos reservados à EDITORA FGV. A reprodução não autorizada desta publicação, no todo ou em parte, constitui violação do copyright (Lei nº 9.610/98).

Os conceitos emitidos neste livro são de inteira responsabilidade do autor.

COORDENADORES DA COLEÇÃO: Marieta de Moraes Ferreira e Renato Franco
COPIDESQUE: Débora Thomé
REVISÃO: Renata Rodrigues e Clarisse Cintra
DIAGRAMAÇÃO, PROJETO GRÁFICO E CAPA: dudesign

**Ficha catalográfica elaborada
pela Biblioteca Mario Henrique Simonsen/FGV**

Mól, Samylla
A proteção jurídica aos animais no Brasil : uma breve história / Samylla Mól, Renato Venancio. – Rio de Janeiro : Editora FGV, 2014.
142 p. - (Coleção FGV de bolso. História; 37)

Inclui bibliografia.
ISBN: 978-85-225-1633-9

1. Direitos dos animais. 2. Animais – Proteção – Legislação. 3. Relações homem – animal. I. Venancio, Renato Pinto. II Fundação Getulio Vargas. III. Título. IV. Série.

CDD – 341.3476

Editora FGV
Rua Jornalista Orlando Dantas, 37
22231-010 | Rio de Janeiro, RJ | Brasil
Tels.: 0800-021-7777 | 21-3799-4427
Fax: 21-3799-4430
editora@fgv.br | pedidoseditora@fgv.br
www.fgv.br/editora

Para Luca e Pedro, Amélia e Isabela, com um profundo desejo de que cresçam em um mundo mais justo com os animais.

Sumário

Introdução   9

Capítulo 1
Leis que deveríamos conhecer   13

Capítulo 2
A propriedade responsável   33

Capítulo 3
A proibição da caça   47

Capítulo 4
Animais trabalhadores   61

Capítulo 5
Prendendo bichos   73

Capítulo 6
Os limites da diversão   81

Capítulo 7
Crueldade e cultura popular   89

Capítulo 8
Experimentos científicos com animais   97

Capítulo 9
A Arca de Noé dos nossos dias   113

Conclusão   123

Sugestões de leitura   125

Referências   127

Introdução

A cidadania socioambiental entrou na agenda política contemporânea. Por meio da formação de associações ou de manifestações públicas, muitos têm defendido o direito dos animais. Um dos grandes defensores dessa causa reconheceu: "A maioria dos seres humanos é especista" (Singer, 2010:15). O especismo consiste na crença da absoluta superioridade da espécie humana frente às demais. Essa visão, contudo, tem sido alvo de críticas. Um exemplo é a resolução N$^{\underline{o}}$ 37/7, de 1982, da Organização das Nações Unidades (ONU), que diz: "Toda forma de vida é única e merece ser respeitada, qualquer que seja sua utilidade para o homem, e com a finalidade de reconhecer aos outros organismos vivos este direito, o homem deve se guiar por um código moral de ação". Embora tal perspectiva não seja uma ruptura em relação ao antropocentrismo, sua aprovação internacional representa um marco importante na conscientização da "responsabilidade humana perante qualquer forma de vida" (Costa, 2013:54). Assim, cada vez mais, reconhece-se que os animais são "sencientes" – ou seja, sentem e têm sensações – e que o homem é o único ser dotado de consciência suficiente para protegê-los, tendo uma responsabilidade moral em relação a eles.

Por isso mesmo, hoje é crescente o número dos que defendem o "bem-estar dos animais", estabelecendo medidas que evitem seu sofrimento desnecessário.

Frente a esses direitos, a visão "abolicionista" assume uma postura radical, comparando a situação dos animais à escravidão ou até mesmo ao holocausto (Francione, 2007:9-58). Já a corrente moderada entende a proteção aos animais em termos pragmáticos: luta pelo "bem-estar" dos bichos e, quando se faz necessário seu sacrifício, como por ocasião do consumo de carne, defende a adoção de "normas de compaixão", como o abate indolor (Leslie & Sunstein, 2007:117-118).

Este livro dialoga com essas duas vertentes, sublinhando a complexa relação histórica entre homens e animais. A par das controvérsias doutrinárias quanto a seus direitos, os animais, no Brasil, são protegidos como bem de natureza ambiental. A Constituição Federal de 1988 dispõe que é dever do poder público proteger a fauna, vedando práticas que submetam os animais à crueldade.

Recuperar tais iniciativas em muito pode aclarar e dotar de profundidade o debate público a respeito do direito dos animais.

Cumpre também esclarecer que, para facilitar a leitura, foi atualizada a ortografia dos documentos de época e se evitou, após cada citação, indicar os sites das fontes da legislação federal e dos jornais consultados, pois são provenientes, respectivamente, de transcrições do Portal da Câmara de Deputados do Congresso Nacional (http://www2.camara.leg.br/) e do Portal Hemeroteca Digital Brasileira da Biblioteca Nacional (http://hemerotecadigital.bn.br/).

Capítulo 1

Leis que deveríamos conhecer

As leis nascem quando um grande número de pessoas acredita que um comportamento está certo e que, por outro lado, existem atos condenáveis, que não devem ser aceitos na sociedade. Elas são regras que todos devemos seguir. À medida que as sociedades evoluem, novos cenários surgem e, com eles, novos valores e controvérsias. As leis costumam acompanhar esse processo, visando regular novas situações.

No que concerne à relação do homem com os animais, a situação não é diferente.

Neste capítulo, analisaremos as origens intelectuais dos dispositivos legais que tratam sobre a fauna no Brasil. Buscaremos sistematizar e analisar a legislação que protege os animais no país e de que forma ela vem sendo aplicada.

Quem são os animais

O homem sempre procurou estabelecer uma relação de domínio com os animais. No início dos tempos, eles eram caçados e sua carne, utilizada como alimento; já a pele servia para produção de vestimentas e abrigos. Com o passar do tempo, os animais começaram a ser explorados no trabalho da agricultura ou para o transporte de pessoas e mercadorias, assim como para companhia e diversão humana, em arenas e circos.

Há milênios, a relação entre homens e animais e a forma de o homem tratar os animais vêm variando em cada diferente sociedade. Na Índia, acreditava-se que os homens, quando morriam, tinham suas almas reencarnadas em animais. Isso fez com que surgissem formas de proteção, inclusive levando à proibição religiosa de comer carne.

Já para o cristianismo, Deus criou os animais para servir aos homens. Assim sendo, podiam dominá-los e usá-los. Alguns teólogos, porém, defenderam a crença de que todos os seres vivos foram criados por Deus, que impôs certos limites em relação ao sofrimento dos animais (Ferry & Germé, 1994:13 et passim). Esse tipo de pensamento contrabalançava as ideias de superioridade do homem frente a todas as criaturas.

A filosofia clássica também apresentou diferentes noções em relação a essa questão. Aristóteles (há cerca de 2.500 anos) afirmou a superioridade dos homens frente aos animais. Antes dele, Pitágoras defendeu o direito dos animais à vida e ao bom tratamento.

De certa maneira, as ideias dos filósofos se relacionavam à forma como eles consideravam a "razão" e o "sentimento". Para os filósofos que definiam o ser humano pela "razão", ou seja, pela capacidade de pensar e raciocinar, não havia comparação possível entre homens e animais. Para aqueles que definiam os seres humanos pela capacidade de sentir – alegria, sofrimento, amizade – era possível estabelecer comparações, pois os animais também demonstram vivenciar sentimentos.

René Descartes (1596-1650) pertencia ao primeiro grupo. Ele define os animais como seres sem inteligência: as sensações deles não poderiam ser comparadas às dos seres humanos. O animal, de acordo com essa forma de pensar, seria uma máquina viva, a ser utilizada de todas as maneiras pelos humanos. Descartes chegou a afirmar:

> Quando um animal geme, não é uma queixa, mas apenas o ranger de um mecanismo que funciona mal. Quando a roda de uma charrete range, isso não quer dizer que a charrete sofra, apenas que ela não está lubrificada. Devemos entender da mesma maneira o gemido dos animais e é inútil lamentar o destino de um cão. (apud Levai, 2003:208)

Essa visão cartesiana foi largamente utilizada para legitimar o modo como os homens tratavam os animais, libertando-nos de toda culpa. Afinal, se os animais não sofriam, não haveria qualquer razão para poupá-los. O cartesianismo "absolvia Deus da acusação de causar injusta dor às bestas inocentes, ao permitir que os homens as maltratassem, também justificava o predomínio do homem, ao libertá-lo" – como afirmava Descartes – "de qualquer suspeita de crime, por mais frequentemente que pudesse comer ou matar animais" (Thomas, 2010:45).

Quase nessa mesma época, Leibniz (1646-1716) questionou tal afirmação. Contemporâneo da popularização do microscópio nos meios científicos, o autor chamou a atenção para o fato de que as máquinas não eram máquinas em suas partes, ao passo que os seres vivos são formados por outros seres vivos. Logo os animais seriam autômatos divinos, o que levantava a delicada questão da existência de alma entre eles (Ferry & Germé, 1994:79).

Para Voltaire (1694-1778), era errado desconsiderar as emoções entre os animais. Eles eram capazes de ter sentimentos, inclusive de sentir amizade em relação a seu dono. O filósofo ilustrado criticou abertamente as opiniões de Descartes: "Que ingenuidade, que pobreza de espírito, dizer que os animais são máquinas privadas de conhecimento e sentimento, que procedem sempre da mesma maneira, que nada aprendem, nada aperfeiçoam".

Ainda hoje, existem resquícios da visão cartesiana, que considera os animais como máquinas. Mas tal concepção, mesmo no período em que Descartes ainda vivia, foi contestada (Thomas, 2010:46). Há pelo menos 200 anos, a humanidade discute a questão: devem ser impostos limites ao sofrimento dos animais? O conhecimento científico deu cada vez mais apoio ao segundo grupo, aos que defendem a ideia de que os animais têm sensibilidade diferente da nossa, mas igualmente podem sentir dor, sofrimento, medo.

Alexander von Humboldt (1769-1859) considerou esse critério como forma de avaliar o desenvolvimento das sociedades. Tal perspectiva acabou ganhando muitos adeptos. Charles Darwin (1809-1892), antecipando os estudos de psicologia animal, afirmou:

> Eu vi um cão muito amedrontado com uma banda de músicos que tocava alto fora de casa, cada músculo de seu corpo tremendo, o coração palpitando tão forte que mal dava para con-

tar os batimentos, e a boca aberta com a respiração ofegante. Igual a um homem amedrontado. (Darwin, 2000:119)

O filósofo Jeremy Bentham (1748-1832) também defendeu o direito dos animais e explicou que, em vez de perguntar se um ser vivo é dotado ou não de pensamento racional, deve-se perguntar se ele é capaz de sofrer. A ideia é atualmente defendida por muitos estudiosos dos animais. Em 1975, Peter Singer, atualmente professor de bioética da Universidade de Princeton, escreveu um livro intitulado *Libertação animal*. Como Voltaire, Darwin, Humboldt e Bentham, Singer defendeu que "se um ser sofre, não pode haver justificativa moral para deixar de levar em conta esse sofrimento. Não importa a natureza do ser" (2010:14).

Outro importante formulador de questões da bioética é o americano Tom Regan. Em 2004, ele publicou um livro intitulado *Jaulas vazias*, no qual explica que os animais, assim como os humanos, são "sujeitos-de-uma-vida", logo, devem ter direitos. Regan argumentou que "nossos companheiros animais são criaturas psicológicas complexas, e não menos sujeitos-de-uma-vida do que nós" (2006:67).

Atualmente no Brasil há uma jurisprudência que reforça a ideia de que os animais são capazes de sentir e, por isso, merecem consideração. Em 2009, o Superior Tribunal de Justiça (STJ), responsável por uniformizar a interpretação da lei federal em todo o Brasil, determinou:

Não há como entender que seres, como cães e gatos, que possuem um sistema nervoso desenvolvido e que por isso sentem dor, que demonstram ter afeto, ou seja, que possuem vida biológica e psicológica, possam ser considerados como coisas, como objetos materiais desprovidos de sinais vitais. Essa característica dos animais mais desenvolvidos é a principal causa da crescente conscientização da humanidade contra a prática de atividades que possam ensejar maus-tratos e crueldade contra tais seres (RE nº 1.115.916 – MG – 2009/0005385-2).

Até se chegar a essa perspectiva, houve um longo caminho, que trilharemos a seguir.

A proteção jurídica dos animais

A partir de fins do século XVIII, a revolução industrial passou a estimular o crescimento das cidades. A forma como os animais eram tratados tornou-se, portanto, mais frequentemente observada (Thomas, 2010 et passim).

Nas grandes cidades, como era o caso de Londres, a população aumentou rapidamente. Multiplicou-se a necessidade de alimentos, levando ao aumento do número de abatedouros, que começaram a ser percebidos como locais a serem controlados. O transporte era feito com uso da força dos animais, principalmente de cavalos, os quais eram, muitas vezes, mal alimentados e chicoteados violentamente. A cidade tornou mais visíveis as ameaças contra os animais. Antes da urbanização estimulada pela revolução industrial, tal violência existia, mas ela se espalhava em milhares de pequenas comunidades e propriedades rurais, diminuindo seu impacto e, principalmente, a percepção social.

Não por acaso foi em Londres – a cidade do mundo ocidental com maior população no século XIX – onde surgiram as primeiras leis de proteção aos animais. Em 1800, foi proposta no parlamento britânico uma lei que proibia lutas de cães. Em 1809, Lord Erskine (1750-1823) propôs outra lei que punia quem maltratasse animais domésticos. Tanto o primeiro quanto o segundo projeto de lei não chegaram a ser aprovados, mas abriram caminho para que o tema começasse a ser discutido na Inglaterra.

Em 1821, Richard Martin (1754-1834) propôs a criação de uma lei que protegesse os cavalos contra maus-tratos, medida também rejeitada. Porém, em 1822, esse mesmo político conseguiu propor e aprovar a primeira lei de proteção: o "Treatment of Cattle Bill", que proibia o mau tratamento e castigos cruéis em relação aos animais domésticos.

Para garantir a aplicação da lei, surge em 1824 a instituição que deu origem à *Royal Society for the Prevention of Cruelty to Animals* (RSPCA). A associação, que existe até hoje, aos poucos, estabeleceu filiais em vários países do mundo, tais como Escócia (1836), Irlanda (1840), Estados Unidos (1866) e Nova Zelândia (1882).

No outro lado do Atlântico, os EUA foram os pioneiros na defesa do bem-estar dos animais, principalmente no caso daqueles utilizados para fins de diversão. Em 1867, Henry Bergh (1811-1888), que na juventude conheceu a experiência londrina, esboçou uma "Declaração dos Direitos dos Animais". Sua grande vitória já havia ocorrido em 1866, quando da criação da *American Society for the Prevention of Cruelty to Animals* (ASPCA). Paralelamente à formação dessa associação, Henry Bergh propôs — e conseguiu aprovar — a lei que tornava crime a exploração comercial dos combates entre animais (por exemplo, galos, cães, touros, ursos). Até o fim do século XIX, 37 estados norte-americanos aprovaram legislação semelhante.

Outros países seguiram caminho parecido. Na França, a *Société Protectrice des Animaux* (SPA) foi criada em 1845. Ela contou com o apoio de intelectuais importantes, entre eles o escritor Victor Hugo (1802-1885). Em 1850, graças a uma intensa campanha, o parlamento francês aprovou a Lei Grammont, dedicada à proteção aos animais. Em 1903, a SPA criou o primeiro refúgio de animais de que se tem notícia: cães, gatos e outros bichos abandonados eram recolhidos, tratados, ao mesmo tempo em que se procurava um lar de adoção (Ferry & Germé, 1994:475).

Essas iniciativas foram pioneiras. No entanto, quando se lê atentamente os textos da legislação inglesa, francesa ou norte-americana, observa-se que as leis de proteção diziam respeito somente aos animais domésticos. A proteção à fauna silvestre não era contemplada, dando origem a situações ambíguas. Um dos exemplos era o dos touros que, dependendo do país, ora eram considerados domésticos, ora selvagens, o que lhes tornava passíveis de crueldades.

Somente por volta de 1930, a legislação internacional de proteção foi estendida aos animais selvagens. Nessa época, começaram a surgir iniciativas semelhantes também no Brasil.

A proteção aos animais no Brasil

As primeiras determinações legais nas quais os animais foram mencionados no país tardaram um pouco, tinham caráter utilitarista e não visavam à proteção dos bichos. Em 1884, um decreto aprovou "tarifas e instruções regulamentares para o transporte de passageiros e mercadorias pela estrada de ferro Conde d'Eu". No texto dessa lei, constava: "Art. 66. Os animais ferozes só serão transportados nos trens de mercadorias ou especiais, e acondicionados em fortes caixões, ou gaiolas de ferro ou madeira".

Em algumas cidades, porém, começou a surgir uma nova sensibilidade quanto ao tema. Na capital paulista, uma lei municipal de 1886 determinava: "É proibido a todo e qualquer cocheiro, condutor de carroça, pipa d'água [nessa época não havia redes de abastecimento de água, que era vendida em tonéis] etc. maltratar os animais com castigos bárbaros e imoderados". A legislação acrescenta ainda: "Os infratores sofrerão a multa de 10$ [a moeda da época era o 'réis'], de cada vez que se der a infração" (Levai, 2005:569).

Nesse momento, a luta contra a escravidão se intensificava. Um dos grandes líderes do movimento abolicionista, José do Patrocínio (1854-1905), chegou a afirmar, naquele que seria seu último artigo, que seus ideais de liberdade iam além da libertação dos escravos. Patrocínio escreveu sobre os maus-tratos sofridos por um animal de tração: "Eu tenho pelos animais um respeito egípcio. Penso que eles têm alma. Ainda que rudimentar, e que eles sofrem conscientemente as revoltas contra a injustiça humana" (apud Levai, 2013).

Patrocínio não era o único a pensar dessa maneira. Em 1895, registrou-se na cidade de São Paulo a criação de uma filial da União Internacional Protetora dos Animais (Uipa). Segundo consta no site da instituição:

Em 1893, o suíço Henri Ruegger dispôs-se a denunciar os maus-tratos a que era submetido um cavalo, em plena área central de São Paulo, mas indignou-se ao tomar ciência de que inexistia, no país, entidade destinada à proteção dos animais. Inspirado por Henri Ruegger, o jornalista Furtado Filho publicou artigo sobre maus-tratos no "Diário Popular", dando ensejo a inúmeras manifestações, conclamando a sociedade a erguer voz contra os maus-tratos infligidos aos animais. Lançou-se, então, a ideia de se criar no Brasil uma associação protetora dos animais. Aos 30 de maio de 1895, constituiu-se a primeira diretoria da UIPA, cujo presidente era Ignácio Wallace da Gama Cochrane, descendente de nobres ingleses, superintendente das Obras Públicas de São Paulo, senador da República, fundador do Instituto Pasteur e da Companhia Telefônica de São Paulo. Cochrane foi deputado provincial em São Paulo e deputado geral, em cujo mandato lhe coube referendar a Lei Áurea.

A leitura dos jornais confirma a atuação dessa entidade. Em 28 de agosto de 1899, o *Correio Paulistano* publicou uma notícia a respeito do atual munícipio de Mineiros do Tietê: "A câmara municipal dessa vila, atendendo ao pedido da Sociedade União Protetora dos Animais, acaba de adotar em seu Código de Posturas, já no prelo, a lei da câmara desta capital, relativa à proteção dos animais".

Em 1907, registra-se outra iniciativa importante: é criada a "Sociedade Brazileira Protectora dos Animaes", com sede no Rio de Janeiro, na época, capital federal. No dia 28 de julho de 1912, o então presidente da entidade, Carlos Costa, publica uma matéria jornal carioca *Gazeta de Notícias*. Nela, Costa afirma que existem projetos de lei de proteção aos animais e chama atenção para uma questão então muito discutida: o temor de que os animais abandonados fossem transmissores de doenças, como a raiva e a tuberculose.

Tratava-se de um tema, entre vários, debatidos na imprensa. Em 17 de abril de 1912, o jornal paranaense *República* noticia que as sociedades espíritas locais defendiam a proteção aos ani-

A proteção jurídica aos animais no Brasil 23

mais. Noutras capitais, condenava-se a prática de cegar porcos, para supostamente fazê-los engordar rapidamente; assim como matar com cassetetes cães abandonados. Exigiam, por outro lado, o cumprimento de posturas municipais limitando o peso das cargas dos animais de tração. Discutia-se, ainda, como registrou o jornal carioca *O Paiz*, em 2 de julho de 1918, a substituição do freio pelo bridão em cavalos do jóquei, especulando qual embocadura causaria menos dor e dano ao animal.

Uma reportagem publicada no Rio de Janeiro, pelo jornal *Correio da Manhã*, em 19 de junho de 1919, revelou o nível de detalhamento a que chegara a preocupação com os animais: "Em circular dirigida a todos os delegados distritais, o Sr. Aureliano Leal, chefe da Polícia, [...] recomenda mais que não seja permitido aos carregadores de galinhas e outras aves conduzi-las de cabeça para baixo, o que é contrário ao que determinam as posturas".

Nas localidades brasileiras mais desenvolvidas, havia um esboço de opinião pública contrária aos maus-tratos aos animais. Por isso mesmo, não é de causar surpresa a promulgação do Decreto n° 14.529, de 9 de dezembro de 1920, que deu origem à primeira lei de âmbito nacional de proteção aos animais no Brasil. Nela, regulava-se o funcionamento das "casas de diversões públicas". O texto dessa determinação seguia o modelo norte-americano do século anterior, proibindo os combates de animais como forma de divertimento, afirmando: "Art. 5[o] Não será concedida licença para corridas de touros, garraios [bezerros] e novilhos, nem briga de galos e canários ou quaisquer outras diversões desse gênero que causem sofrimentos aos animais".

O surgimento de novas associações ampliou o alcance dessas preocupações. Assim, além de São Paulo e Rio de Janeiro, foi fundada, em 1925, a Sociedade Mineira Protetora dos Animais. Dois anos antes, o jornal cearense *A Lucta* noticiou, em 10 de março, a proposta de criação de uma entidade semelhante, por iniciativa de Mario de Almeida Monte. Em 1 de agosto de 1924, o jornal *A Província*, de Recife, Pernambuco, registrou a existência da Sociedade Protetora dos Animais, fundada localmente por João Ramos, que havia sido "ardoroso abolicionista". Na década seguinte, foi a vez de o estado do Espírito Santo sediar a Organização Amiga dos Animais.

A ausência de instituições protetoras não impedia o surgimento de legislação local. Em 17 de junho de 1922, *O Jornal*, em São Luís, Maranhão, publicou texto lamentando que "a lei municipal de proteção aos animais não estava sendo executada", citando o fato de ser comum a presença de bondes puxados por burros "muito chagados nas costas". O mesmo se constata em cidades do Rio Grande do Sul. No estado, em 1920, acabaram generalizadas posturas municipais de proteção aos animais de carga e tração, conforme foi publicado em jornais locais.

Do ano de 1929, o *Relatório de Presidente de Estado de São Paulo* revela que essa preocupação mobilizava escolas públicas. O documento apresenta uma campanha supreendentemente moderna para a época:

> Por ocasião da festa das aves, realizadas nas escolas públicas, foi desenvolvida intensa propaganda de proteção aos animais, tendo sido exibidos vários filmes educativos e distribuídos cartazes ilustrados, tabuletas esmaltadas com ensinamentos sobre o auxílio que os pássaros prestam aos agricultores. (Mensagem, 1930:55)

Na mesma época, Rio de Janeiro e São Paulo passaram a contar com a Sociedade União Infantil Protetora dos Animais, voltadas primordialmente para a promoção de campanhas educativas junto ao público infantil. Não por acaso, a legislação federal rapidamente incorporou a nova sensibilidade coletiva. Em 1934, foi aprovado um dispositivo legal estabelecendo "medidas de proteção aos animais". O Decreto nº 24.645, de 10 de julho do referido ano, definiu 31 atitudes humanas que poderiam ser consideradas "maus-tratos a animais". Eis algumas delas:

Art. 3º Consideram-se maus-tratos:
I - praticar ato de abuso ou crueldade em qualquer animal;
II - manter animais em lugares anti-higiênicos ou que lhes impeçam a respiração, o movimento ou o descanso, ou os privem de ar ou luz;
III - obrigar animais a trabalhos excessivos ou superiores às suas forças e a todo ato que resulte em sofrimento para deles obter esforços que, razoavelmente, não se lhes possam exigir senão com castigo;
[...]
X - utilizar, em serviço, animal cego, ferido, enfermo, fraco, extenuado ou desferrado, sendo que este último caso somente se aplica a localidade com ruas calçadas;
[...]
XVIII - conduzir animais, por qualquer meio de locomoção, colocados de cabeça para baixo, de mãos ou pés atados, ou de qualquer outro modo que lhes produza sofrimento;
XIX - transportar animais em cestos, gaiolas ou veículos sem as proporções necessárias ao seu tamanho e número de cabeças, e sem que o meio de condução em que estão encerrados esteja

protegido por uma rede metálica ou idêntica que impeça a saída de qualquer membro do animal;

XX - encerrar em curral ou outros lugares animais em número tal que não lhes seja possível moverem-se livremente, ou deixá-los sem água e alimento mais de 12 horas;

[...]

XXVI - despelar ou depenar animais vivos ou entregá-los vivos à alimentação de outros;

XXVII. - ministrar ensino a animais com maus-tratos físicos;

XXVIII - exercitar tiro ao alvo sobre patos ou qualquer animal selvagem exceto sobre os pombos, nas sociedades, clubes de caça, inscritos no Serviço de Caça e Pesca;

XXIX - realizar ou promover lutas entre animais da mesma espécie ou de espécie diferente, touradas e simulacros de touradas, ainda mesmo em lugar privado;

XXX - arrojar [lançar] aves e outros animais nas casas de espetáculo e exibi-los, para tirar sortes ou realizar acrobacias;

XXXI - transportar, negociar ou caçar, em qualquer época do ano, aves insetívoras, pássaros canoros, beija-flores e outras aves de pequeno porte, exceção feita das autorizações para fins científicos, consignadas em lei anterior.

No ano de 1941, a Lei das Contravenções Penais reforçou a legislação anterior, tornando contravenção a crueldade contra animais ou seu trabalho excessivo. Tal legislação foi complementada em 1967, por meio da Lei de Proteção à Fauna, que proibiu a caça, assim como perseguição e aprisionamento dos animais das nossas florestas e matas; iniciativa reafirmada pela Lei da Política Nacional do Meio Ambiente, promulgada em 1981.

Uma mudança significativa e relativamente recente foi atribuir ao Ministério Público o papel de guardião da natureza, conforme define a Lei nº 6838/81 (Política Nacional do Meio Ambiente). A Lei da Ação Civil Pública (Lei nº 7347/85) trouxe os instrumentos necessários para que o Ministério Público pudesse atuar de forma mais efetiva.

Com o advento da Constituição Federal de 1988, houve uma constitucionalização do meio ambiente (Costa, 2013:16). O bem ambiental que, desde tempos imemoriais, vinha sofrendo agressões contínuas e, na maioria das vezes, impunes, passou a ser tutelado pela Lei Maior do país. A fauna – como parte integrante do meio ambiente – recebeu especial atenção. O art. 225 da Constituição Federal afirma:

> Todos têm direito ao meio ambiente ecologicamente equilibrado, bem de uso comum do povo e essencial à sadia qualidade de vida, impondo-se ao Poder Público e à coletividade o dever de defendê-lo e preservá-lo para as presentes e futuras gerações.
>
> §1 - Para assegurar a efetividade desse direito, incumbe ao Poder Público:
>
> [...]
>
> VII - proteger a fauna e a flora, vedadas, na forma da lei, as práticas que coloquem em risco sua função ecológica, **provoquem a extinção das espécies ou submetam os animais à crueldade** (grifo nosso).

Segundo Sznick, as práticas que submetem os animais a crueldade seriam "atrocidade, tortura, tirania, sevícias, o emprego de meios dolorosos; é maltratar, espancar". Por outro lado, esse gesto também pode ser definido pelo "ato omissivo: não dar alimento ao animal (deixando-o padecer de sede ou fome); não o curar; quem, na via pública, atropela animal, ou vendo-o atropelado, não lhe presta socorros; manter o animal em local insalubre ou anti-higiênico; mutilar órgão." (2001:301).

Helita Barreira Custódio (apud Dias, 2000:156), uma das precursoras do direito dos animais no Brasil, dá outros exemplos de condutas que configuram este tipo de crueldade. Isso acontece quando alguém:

— Mata animais pela caça abusiva, por desmatamentos ou incêndios criminosos, por poluição ambiental ou mediante dolorosas experiências;
— Mata animais domésticos ou selvagens de forma cruel;
— Coloca o animal para trabalhar demais, sem permitir que ele descanse ou forçando-o a fazer mais do que ele fisicamente suporta;
— Prende o animal ou o transporta em condições desumanas;
— Abandona o animal doente ou com fome e sede;
— Coloca os animais em espetáculos violentos como lutas, até a exaustão ou morte (touradas, farra do boi etc.);
— Castiga o animal de forma violenta;
— Adestra o animal de forma violenta e utilizando instrumentos torturantes.

No plano infraconstitucional, um grande avanço legislativo ocorreu com o advento da Lei nº 9.605, de 1998, Lei de Crimes Ambientais, que elevou à categoria de crime a crueldade em relação aos animais:

Artigo 32. Praticar ato de abuso, maus-tratos, ferir ou mutilar animais silvestres, domésticos ou domesticados, nativos ou exóticos: Pena – detenção, de três meses a um ano, e multa;

§ 1º Incorre nas mesmas penas quem realiza experiência dolorosa ou cruel em animal vivo, ainda que para fins didáticos ou científicos, quando existirem recursos alternativos;

§ 2º A pena é aumentada de um sexto a um terço, se ocorre morte do animal.

Após a promulgação da Lei de Crimes Ambientais, qualquer conduta humana que acarrete em maus-tratos aos animais é considerada crime no Brasil. Os legisladores discutem atualmente a reforma do Código Penal prevendo o aumento das penas para quem pratica crimes contra os animais. Alguns defendem que o abandono de animais também seja criminalizado.

Em 2013, a Comissão de Constituição e Justiça (CCJ) da Câmara dos Deputados aprovou um projeto de lei (PL Nº 2833/2011) que criminaliza condutas praticadas contra cães e gatos, endurecendo as penas já existentes.

Essas novas proposições de leis refletem a mudança na forma como a sociedade vê os animais. Para garantir seu cumprimento, muitas cidades brasileiras estabeleceram delegacias especializadas em crimes contra a fauna, que investigam crimes praticados contra animais.

Essas instituições recebem diferentes designações. No Estado de São Paulo, foi criada em 2013 e recebeu a denominação "Divisão de Investigações sobre Infrações de Maus-tratos a Animais e demais Infrações contra o Meio Ambiente".

Além da capital paulistana, foram criadas representações dessas delegacias em cidades como Campinas e Sorocaba.

Na capital mineira, também há uma delegacia especializada em crime contra os animais. Em Porto Alegre, Rio Grande do Sul, a delegacia instituída em 2013 é subordinada à Secretaria Especial dos Direitos Animais (Seda).

Mesmo nas cidades que não possuem esse tipo de instituição, autoridades policiais locais têm competência para investigar crimes cometidos contra animais. Além disso, o Ministério Público (Promotoria de Justiça) é encarregado de defender a fauna. Em grandes cidades, há, inclusive, promotorias de justiça especializadas na defesa da fauna.

O direito dos animais é algo levado a sério pela legislação brasileira. E os avanços não param de acontecer. No entanto, as leis precisam ser efetivamente cumpridas. Para que isso ocorra, é importante que a sociedade debata a questão, conheça a legislação, utilizando os instrumentos legais adequados, evitando, assim, ações violentas.

É incontestável que, com o advento da Constituição Federal de 1988, os animais adquiriram, se não direitos, proteção contra qualquer tipo de crueldade.

A Constituição brasileira classifica o meio ambiente como um bem difuso, pertencente a toda coletividade, nele sendo inserida a fauna (Costa, 2013). Assim, o meio ambiente é um direito de todos e a todos cumpre protegê-lo e defendê-lo. A sociedade tem como principal aliado nesta tarefa o Ministério Público, ao qual é atribuída a função de tutelar juridicamente os animais, representando-os.

A universalização da proteção aos animais

A comparação com o que ocorreu na Inglaterra, na França e nos Estados Unidos com o que passou no Brasil sugere que as práticas de proteção aos animais, surgidas no século XIX, acabaram por se generalizar. O caso brasileiro é semelhante ao que aconteceu em vários outros países: a legislação protetora demorou a chegar, sendo implantada somente no século XX.

Um elevado número de países adotou legislações parecidas de proteção à fauna. Tal situação levou ao surgimento de declarações de princípios internacionais, como no caso da "Declaração Universal dos Direitos dos Animais", de 1978, proposta por ambientalistas à Organização das Nações Unidas para a Educação, a Ciência e a Cultura (Unesco). Orientação que passou a ser modelo a ser seguido na formulação ou aperfeiçoamento das legislações nacionais. Eis alguns artigos desse documento:

Art. 1:
Todos os animais nascem iguais diante da vida, e têm o mesmo direito à existência.

Art. 2:
a) Cada animal tem direito ao respeito.
b) O homem, enquanto espécie animal, não pode atribuir-se o direito de exterminar os outros animais, ou explorá-los, violando esse direito. Ele tem o dever de colocar a sua consciência a serviço dos outros animais.
c) Cada animal tem direito à consideração, à cura e à proteção do homem.

Art. 3:
a) Nenhum animal será submetido a maus-tratos e a atos cruéis.
b) Se a morte de um animal é necessária, deve ser instantânea, sem dor ou angústia.

Art. 4:
a) Cada animal que pertence a uma espécie selvagem tem o di-

reito de viver livre no seu ambiente natural terrestre, aéreo e aquático, e tem o direito de reproduzir-se.

b) A privação da liberdade, ainda que para fins educativos, é contrária a este direito.

Art. 5:

a) Cada animal pertencente a uma espécie, que vive habitualmente no ambiente do homem, tem o direito de viver e crescer segundo o ritmo e as condições de vida e de liberdade que são próprias de sua espécie.

b) Toda a modificação imposta pelo homem para fins mercantis é contrária a esse direito.

A opinião pública internacional e as legislações nacionais se posicionam a favor da proteção aos animais. Contudo, para que isso seja efetivado, é importante que a sociedade discuta a fundo a questão. Tal movimento depende de as pessoas individualmente, ou em grupos organizados, estarem bem informadas. Precisamos conhecer melhor as formas de exploração e maus-tratos a que os animais estão submetidos, bem como as formas de proteção. Com o conhecimento da história e da legislação, é possível esse aprofundamento.

Capítulo 2

A propriedade responsável

Uma evolução recente das leis brasileiras diz respeito ao conceito de propriedade ou posse responsável dos animais domésticos. Por exemplo, em uma busca simples na internet, encontram-se campanhas com mensagens como: "Animal não é brinquedo, sente fome, frio e medo".

Às vezes, compra-se ou adota-se um animal sem levar em consideração o trabalho que isso implica. Há também problemas decorrentes da velhice dos animais: o que fazer quando o cachorro deixa de dar só alegrias a seus donos e passa a dar muito trabalho e muitas despesas?

Adotar um bicho de estimação é se tornar responsável por ele. Tanto que, atualmente, tramita entre os legisladores um projeto de lei que prevê penas para quem abandonar animais domésticos. Para entender como se chegou a essa percepção, precisamos conhecer um pouco a história da domesticação dos animais.

Quando os cães se tornaram nossos amigos

As experiências mais antigas de domesticação de animais – assemelhando-se à forma como temos hoje cães em nossas casas – parecem ter ocorrido com chacais (Lorenz, 1970:26). Tais iniciativas, contudo, não prosperaram, e as atuais análises de DNA revelam que os cães domésticos descendem de lobos (Bradshaw, 2012:36-37).

Essas experiências ocorreram primeiramente em regiões africanas e, posteriormente, na atual Europa e Ásia. Há várias explicações de como os canídeos selvagens foram se aproximando dos homens e, com o passar dos anos, tornaram-se cães domésticos. Uma delas afirma que os homens, inicialmente, seguiam chacais, que, por seu turno, seguiam os grandes animais caçadores. Homens e animais se alimentavam com o que sobrava dessas caçadas (Lorenz, 1970:27-28).

Após o domínio do fogo, ocorreu uma mudança: os homens tornaram-se poderosos caçadores, utilizando esse recurso para assustar e matar animais de grande porte. A partir de então, algumas espécies de chacais é que passaram a seguir os homens.

Quando os humanos começaram a cultivar os próprios alimentos, puderam se fixar em um território, deixando de haver a necessidade de constantes deslocamentos. Instaladas num determinado solo, várias sociedades passaram a depender da agricultura para sobreviver. As sobras dos alimentos eram oferecidas aos animais do mato, e alguns se aproximavam. Por causa da comida, passaram a viver próximos às aldeias e seus filhotes, a conviver com homens. Acabaram se tornando domésticos.

Com o tempo, começou a haver dois tipos de canídeos: os selvagens (*Canis lupus*, por exemplo) e aqueles que viviam próximos aos homens (*Canis familiaris*), e que se alimentavam com sobras de alimentos (Versignassi, Garattoni & Urbim, 2009). Os animais que se aproximaram dos humanos e passaram a se alimentar com mais amido tiveram suas características físicas alteradas: foram, aos poucos, se tornando mais parecidos com os atuais cães.

Ainda não se sabe, ao certo, o momento em que o cão se tornou efetivamente um animal doméstico. Alguns pesquisadores afirmam que tal processo teve início há 30 mil anos; outros defendem que ocorreu somente por volta de 10 mil anos atrás, no Neolítico, pois datam dessa época os primeiros ossos de cães domésticos (Neto, 2013).

A experiência de domesticação ocorreu paralelamente a outras. O biólogo Jared Diamond escreveu parte dessa história. O porco começou a ser domesticado, em várias partes da Ásia, há cerca de 10 mil anos. Nesses mesmos lugar e época, há registros de ovelhas e cabras também sendo domesticadas. Dois mil anos depois, bois e vacas começaram a ser domesticados em áreas da atual Índia e norte da África. Os burros são de domesticação mais recente, sendo registrados ao norte da África há aproximadamente 6 mil anos. Na Índia, as primeiras experiências de domesticação de galinhas remontam há 3 mil anos.

Quase todos continentes contribuíram na aproximação entre homens e animais. O gato começou a ser domesticado no Egito antigo. Ele foi objeto de culto religioso, substituindo a imagem do leão nos sarcófagos dos faraós. Razões práticas também estimularam a popularização do animal: a sociedade egípcia foi a primeira grande civilização agrária, portanto teve de enfrentar a praga da multiplicação de ratos (Lorenz, 1970:28).

Coube à América do Sul domesticar primeiramente os patos. Outras experiências ficaram restritas: no atual território do Canadá, grupos indígenas conseguiram domesticar renas, mas essa espécie, ao contrário das outras mencionadas, não se espalhou. O mesmo foi registrado em relação às lhamas: domesticadas há 5 mil anos nas regiões dos Andes, na América do Sul, e aí ficando limitadas.

O oposto ocorreu entre os cavalos. Esse animal foi originalmente domesticado numa pequena região localizada na atual Ucrânia, há 5 mil ou 6 mil anos. A partir de então, espalhou-se pelo mundo, estando atualmente presente em todos os continentes (Cohen, 2009:36).

Alguns insetos também foram domesticados: isso aconteceu há 6 mil anos com as abelhas e há 3 mil anos com os bichos da seda chineses. Contudo, nem todos os animais foram domesticados há milhares de anos. Existiram casos de domesticação um pouco mais recente: os coelhos domésticos começaram a surgir "somente" há 700 anos.

Em 1500, ano em que o atual território do Brasil começou a ser colonizado, Portugal contava com um número elevado de animais domésticos: cães, cavalos, bois, gatos, galinhas, carneiros. A carta de Pero Vaz de Caminha registra o primeiro desembarque de alguns desses bichos em solo brasileiro, mencionando a surpresa dos índios: "Mostraram-lhes uma galinha, quase tiveram medo dela: não lhe queriam pôr a mão; e depois a tomaram como que espantados" (apud Pereira, 2002:38).

O próprio Pero Vaz de Caminha reconheceu: "Não há aqui boi, nem vaca, nem cabra, nem ovelha, nem galinha, nem qualquer outra alimária que acostumada seja ao viver dos homens" (apud Pereira, 2002:66). Porém, segundo a historiadora

Mary del Priore (2010:19), "não demorou muito para que os nativos adotassem os animais trazidos pelos europeus, como o porco manso, que ganhou até nome indígena: taiaçu-guaiá".

Durante o período colonial, também há relatos da aproximação de índios com cães, "chamados de onças de criação ou iaguás-mimbabas ['onça pequena'], que passaram a ser usados para desentocar a caça e alertar sobre a chegada de inimigos. As galinhas fizeram tanto sucesso que em pouco tempo os índios começaram a vender ovos aos portugueses" (Del Priore, 2010:19). Os índios tratavam essas aves como "xerimbabos", termo empregado para designar "coisa muito querida", conforme foi observado por Jean de Léry (1534-1611).

Os cães também foram precocemente introduzidos no território brasileiro. Eles serviam para a proteção dos portugueses que entravam nas matas, assim como guardavam o gado das onças ou eram utilizados em caçadas. Em 1679, ao escrever sobre a guerra entre portugueses e holandeses pelo controle do Nordeste brasileiro, um autor afirma que "cães de fila" holandeses perseguiam os "soldados, que buscavam a salvação nos alagadiços" (Pereira da Costa, 1985).

O termo "cão de fila" não dizia respeito a uma raça específica, mas a cães bravos, guerreiros. Na América Portuguesa, seu uso militar obteve tal sucesso que passou a ser também utilizado contra os escravos que fugiam.

Nas sociedades do passado, sempre se procurava destinar os animais a um fim prático. Em relação aos cães, o objetivo não era ter sua companhia. Dependendo do lugar ou da época, esses animais eram utilizados para puxar trenós ou carroças, vigiavam propriedade e atuavam como pastores de gado ou como soldados de guerras; em certas sociedades asiáticas, tornaram-se uma forma de alimento.

A fixação das raças, porém, ocorreu lentamente. Entre os séculos XVI-XVIII, em Portugal, havia apenas quatro: "de fila", "de água", "perdigueiro" e "pelado" (Godinho, 2010). Foram essas as primeiras raças caninas que desembarcaram em solo brasileiro. O cão fila era usado para fins militares. Os perdigueiros eram os cães de caça; enquanto o cão d'água desenvolveu a incrível habilidade de mergulhar no mar para captura de peixes. Em relação ao cão pelado, é feita referência a sua origem egípcia, sugerindo ser um ascendente dos "pharaoh hound", utilizados para caça de grande porte, embora atualmente sejam mais considerados cães de companhia.

De qualquer modo, é muito difícil afirmar que tais animais correspondam às raças caninas atuais, pois, nos séculos passados, os cães eram definidos por suas qualidades e não por suas características biológicas. No livro *Synopsis de zoologia, ou estudo geral dos animaes,* de 1882, o brasileiro Manuel de Araujo Castro Ramalho indica a existência do "cão caçador de ratos", afirmando ser uma "raça pequena e alguma cousa felpuda".

Somente em fins do século XIX, a ideia de raça como um conjunto fixo de características biológicas transmitidas de uma geração a outra começa a ser universalmente adotada. Isso ajudou a fixar raças de cães sem fins práticos, criados pelo prazer da companhia.

Exemplos de cães amigos dos homens são antigos. Durante vários séculos, não faltaram pessoas dispostas até a pagar para que artistas pintassem quadros e esculpissem imagens como homenagem ou recordação ao cão de estimação morto. A novidade no século XX foi o surgimento de raças que tinham como objetivo ser "de companhia". O primeiro dicionário em língua portuguesa a fazer referência ao "cão de companhia" é de 1904 (Pereira, 1904).

Ainda assim, antes dessa data, são registrados casos de pessoas que tinham animais apenas por estimação, não utilizados de maneira prática. Na corte real inglesa, por volta de 1700, "os cachorros estavam por toda parte. Os livros de civilidade dos fins da Idade Média recordavam ao pajem que, antes de seu amo ir para a cama, ele deveria tirar os cachorros e gatos do quarto; e advertiam os convidados a banquetes para não chutarem gatos e cães enquanto sentados à mesa" (Thomas, 2010:147).

No Brasil, registra-se o caso da princesa Isabel, criadora de cães, que mencionou o gosto da companhia deles em cartas que enviou ao marido, Gastão de Orleans (Conde d'Eu), quando este esteve em frentes de batalha na Guerra do Paraguai (Elias, 2010).

Ao escrever o romance *O Mulato*, em 1881, Aluísio de Azevedo incluiu a história de Eufrasina e seu cachorro branco felpudo, que sempre trazia ao colo e era chamado de Joli.

Apesar dessa mudança de sensibilidade em relação aos animais, o registro oficial de cães de acordo com raças – o denominado "pedigree" – demorou a ser implantado. Entre nós, isso só se tornou possível após a criação do Brasil Kennel Club, fundado em 1922, como filial dos existentes na Inglaterra e nos Estados Unidos desde 1873.

Aos poucos, foram sendo registradas raças de cães brasileiros. É o caso do fila brasileiro, que é identificado há quase quatrocentos anos no Brasil, mas cuja raça só foi oficializada em 1951 (Godinho, 2010).

A preocupação com a raça fez com que fossem cada vez mais valorizadas as características físicas dos animais, seu porte e beleza. Isso se relacionava ao aumento do número de pessoas que passaram a ter cães não mais para o trabalho ou caça, mas pelo prazer da companhia.

Outras raças tiveram sua forma de trabalho reinventadas no século XX, como foi o caso dos cães policiais. Na maioria dos casos, porém, os antigos caçadores, trabalhadores e guerreiros caninos foram se adaptando à condição de cães de estimação.

Hoje, em termos de números de cães, o Brasil é o segundo maior país do mundo, ficando apenas atrás dos Estados Unidos.

A questão da propriedade responsável

Nunca existiram tantos cães no mundo, e a maioria deles mora em cidades. O mesmo pode ser afirmado em relação aos gatos. Em razão disso, foram surgindo alguns problemas sérios nesse relacionamento. Nos últimos tempos, a situação ficou tão grave que deu origem à noção de propriedade responsável sobre os animais.

Antigamente se perguntava: "O que fazer com os cães que são abandonados?" A partir da proposta de propriedade responsável, pergunta-se: "O que fazer para evitar o abandono?" Eis uma das origens das campanhas de conscientização sobre a responsabilidade em relação aos animais. Muitos dos cachorros que estão soltos pelas ruas tiveram donos, mas foram abandonados por eles.

Ao longo do tempo, procurou-se resolver o problema dos cachorros errantes pelas ruas, mas várias dessas soluções eram cruéis. No livro *Sobrados e mucambos*, Gilberto Freyre (1900-1987) conta que, em Salvador:

Enquanto os animais daninhos que andassem dispersos pelas ruas, assim como os cães que, por furiosos ou danados, ameaçassem 'atropelar ao povo', estes poderiam ser 'lanceados por qualquer pessoa e enterrados, ou levados ao mar à custa de seus donos...' (Freyre, 2006:685).

A forma mais usual – e ainda existente em alguns lugares – de "resolver" o problema dos cães nas ruas é por meio do seu recolhimento pela chamada carrocinha. Nas cidades em que isso ocorre, normalmente, eles são levados para um canil municipal ou centro de controle de zoonoses. Lá são sacrificados.

Essa é uma maneira ineficaz e violenta de tentar controlar a população de cães abandonados. Em 1973, a Organização Mundial de Saúde (OMS) recomendou o sacrifício desses animais com o objetivo de controlar a população canina e a disseminação de doenças como leishmaniose e raiva. Ao decorrer dos anos, analisando os resultados da matança indiscriminada, a própria OMS, em 1992, concluiu que o sacrifício dos cães de rua é um método ineficiente; que a melhor forma de controle é feita com a educação dos proprietários e a esterilização dos animais.

A Organização Panamericana de Saúde (Opas) também aderiu à orientação. Para controlar as doenças decorrentes do contato com animais, os métodos eficazes são a vacinação, o controle populacional com a castração e as campanhas educativas a favor da guarda responsável de animais.

Recentemente, no Brasil, o Superior Tribunal de Justiça (STJ) assim se pronunciou:

A meta principal e prioritária dos centros de controle de zoonose é erradicar as doenças que podem ser transmitidas de animais a seres humanos, tais quais a raiva e a leishmaniose. Por esse motivo, medidas de controle da reprodução dos animais, seja por meio de injeção de hormônios ou de esterilização, devem ser prioritárias, até porque, nos termos do 8º informe Técnico da Organização Mundial de Saúde, são mais eficazes no domínio de zoonoses. (Recurso Especial nº 1.115.916 – MG 2009/0005385-2)

Tal postura tem sido adotada por vários estados brasileiros. Em Pernambuco, no ano de 2010, a Lei nº 14.139, determinou que o sacrifício de animais abandonados deve ser precedido de exames de veterinários, sendo permitido somente "em casos de males, doenças graves, enfermidades infectocontagiosas incuráveis que coloquem em risco a saúde dos seres humanos ou de outros animais".

Capturar e matar animais que vagam pelas ruas, além de ser um ato de crueldade, não resolve o problema. O número de animais abandonados só diminuirá se forem implantadas políticas públicas de educação da população para a posse responsável.

Com esse propósito, foram criados Conselhos Municipais de Proteção aos Animais, órgãos que têm por finalidade "promover programa de educação continuada de conscientização da população a respeito da propriedade responsável de animais domésticos". Desde 2005, vários dos conselhos, como os do Rio de Janeiro e de Curitiba, também têm procurado proibir a circulação de cães ferozes nas ruas. Outra dimensão da propriedade responsável dos animais é estabelecer que os donos devem responder pelos sofrimentos por eles causados.

Várias ONGs vêm desenvolvendo um importante trabalho: elas recolhem animais que não têm condições de permanecer nas ruas, por serem filhotes ou estarem feridos, abrigam e prestam cuidados veterinários, assim como os encaminham à adoção.

Em Belo Horizonte (MG), o risco de morte no abrigo foi substituído pela esperança de encontrar um dono. A prefeitura somente autoriza a realização da eutanásia em casos excepcionais (por exemplo, cães com leishmaniose visceral, com doenças incuráveis ou doenças infectocontagiosas). Atualmente, cães recolhidos das ruas da capital mineira são examinados, castrados, "chipados" (implanta-se um dispositivo eletrônico de identificação) e encaminhados às feiras de adoção, realizadas em parceria com ONGs locais.

É importante ressaltar que manter cães soltos e errantes pelas ruas é também um problema de saúde pública. Sem qualquer higiene, sem vermifugação ou vacinação, esses cães podem transmitir doenças. Logo, mesmo se os animais não tivessem uma proteção jurídica em nosso país, o problema dos animais de rua precisaria ser resolvido por uma questão de saúde e segurança da população.

A cidade de Florianópolis (SC), desde 2005, proibiu "o acesso de cães às praias do município". O estado de Minas Gerais, em 2006, criou o serviço gratuito "Disque cão", para receber denúncias do não cumprimento das leis de propriedade responsável.

Em Jaboatão dos Gurarapes (PE), a prefeitura criou, em 2011, um serviço de assistência veterinária gratuita para animais de pessoas carentes, para evitar o abandono de cães velhos pelas ruas. Atualmente, tal serviço também foi implantado em algumas capitais, como em São Paulo.

A posse responsável não se restringe ao não abandono. Ela implica em cuidados necessários ao animal de estimação que está sob a tutela de um indivíduo ou de uma família. O proprietário responsável é aquele que cuida, alimenta, vacina, respeita, abriga do sol e da chuva, assim como dá liberdade de locomoção ao animal. É aquele que, tendo sob seus cuidados uma vida, cuida dela, a protegendo de sofrimentos e lhe propiciando alegrias.

Também é proprietário responsável quem, tendo um animal sob sua tutela, cuida para que ele não invada espaços não autorizados, respeitando assim a convivência social.

A educação ecológica

Durante muitos séculos, as sociedades humanas utilizaram os recursos naturais sem qualquer preocupação ecológica; disso, resultaram catástrofes ambientais. De igual maneira, dominaram os animais, valendo-se deles para as mais variadas atividades, bem como para alimentação e vestuário.

A estreita relação com os animais de estimação gerou em alguns casos a quebra desse padrão utilitário, acarretando, em certos contextos, no abandono de muitos animais. Cachorros e gatos estão presentes no dia a dia dos brasileiros, mas a decisão de tê-los em seu convívio deve ser refletida.

Muitas ONGs disponibilizam cartilhas sobre posse responsável na internet. Um cão vive, em média, 10 a 15 anos e precisa de cuidados, alimentação, higiene, remédios e carinho; portanto, ele não pode ser adquirido sem essas informações prévias.

Por outro lado, propiciar tal experiência – se feita de forma responsável – pode contribuir em muito para formar as pessoas, sobretudo as crianças, enquanto cidadãs. Ao conviver com animais de estimação, a criança cresce aprendendo a respeitar outras formas de vida e a enxergá-las como seres sencientes. Thomas (2010:170) lembra que "não é coincidência que muitos, senão a maioria, que escreveram sobre o comportamento dos animais no século XVIII tenham sido pessoas – como Pope, Cowper ou Bentham – que mantinham relação estreita com gatos, cães e outros animais de estimação".

Essa convivência permite ao ser humano descobrir empiricamente a complexidade da vida e das emoções que se manifesta em cada animal. A entidade ambiental Projeto Esperança Animal (PEA) divulgou uma pesquisa, feita com criminosos norte-americanos, na qual constatou que a maioria deles, desde a infância, apresentava um histórico de maldades em relação aos animais. Esse entendimento não é recente. Há registros de autores clássicos condenando a violência em relação aos animais "por pensarem que tinham um efeito brutalizante sobre o caráter humano, tornando os homens cruéis entre si" (Thomas, 2010:212).

No sentido oposto, acreditamos que aqueles que desenvolvem empatia em relação aos animais, provavelmente, terão também em relação a seus semelhantes, por respeitarem a vida e o sofrimento do outro. Isso pode, em muito, contribuir para a educação ecológica e a cidadania socioambiental.

Capítulo 3

A proibição da caça

A agricultura surgiu há aproximadamente 12 mil anos. Até então, as sociedades humanas eram formadas apenas por caçadores e coletores de alimentos. O cultivo de plantas que serviam para a alimentação permitiu a formação de áreas agrícolas, e a caça foi deixando de ser tão importante para sobrevivência humana.

Isso não ocorreu ao mesmo tempo em todos os lugares. No Brasil, por exemplo, até hoje existem povos indígenas que vivem da caça e da coleta. Obviamente, esses casos são uma exceção. Afora quando no intuito de proteger animais domésticos de predadores ou para defender plantações de animais que as destroem, a caça hoje em dia é feita em razão do comércio ilegal de animais ou por esporte.

Da caça de subsistência à esportiva

Durante o período em que o Brasil foi colônia de Portugal, não se tem notícia de que a caça aos animais fosse praticada por diversão. O que havia era a caça com fins de subsistência, em busca de alimentos.

Esse tipo de caça era praticado pelas sociedades indígenas. Gaspar Barléu (1584-1648), holandês que visitou o Brasil no século XVII e escreveu um livro a respeito de sua viagem, referiu-se aos índios: "A sua alimentação é simples [...] frutos [...] caça fresca, peixes e mel".

Os descendentes de portugueses que se transformaram em sertanistas e bandeirantes, penetrando nas matas em busca de pedras preciosas, ouro e prata, também tiveram de caçar para sobreviver. Com a implantação e o desenvolvimento de fazendas produtoras de açúcar, surgiu outro grupo, que procurava alimentos por meio da caça: os escravos africanos.

Em razão de os índios das áreas litorâneas serem relativamente poucos e não resistirem às doenças trazidas pelos europeus, os portugueses começaram a comprar trabalhadores africanos (Schwartz, 1988:63). A generalização do cultivo da cana-de-açúcar tornou o fenômeno irreversível, o que acabou criando dificuldade para alimentar homens, mulheres e crianças trazidos da África para o Novo Mundo.

Por esse motivo, muitos fazendeiros deixavam os escravos caçar, mas somente nas matas dentro das fazendas. Geralmente, eram caçados animais pequenos. No início do século XIX, o viajante francês Jean-Baptiste Debret (1768-1848) contou detalhes a respeito da alimentação desses trabalhadores. "Observando-se o grupo de negros [...] reconhecem-se no produto de sua caçada alguns animais cuja carne é apreciada; primeiramente o tatu."

Os caçadores utilizavam fumaça para fazer o bicho sair do esconderijo. Não conseguindo suportar, o animal fugia pela abertura e era facilmente capturado. Além dele, caçavam, dentro das fazendas, gambás, pacas, macacos e até mesmo alguns tipos de lagartos grandes e malhados.

Várias aves também eram almejadas, como as perdizes e marrecas. Em 1815, o príncipe alemão Maximiliano de Wied--Neuwied (1782-1867), ao visitar o atual estado do Espírito Santo, fez a seguinte observação: "é ótimo lugar para o amante da caça [...] os papagaios se reúnem em grandes bandos, e as magníficas araras são atraídas, na estação mais fria, por certas frutas [...] São frequentemente caçados: a carne é comida; as penas das asas se usam para escrever".

Homens livres não caçavam somente para se alimentar. Eles também eram encarregados de eliminar alguns animais: aqueles considerados ferozes e que atacavam o gado ou os moradores. Em Minas Gerais, esse tipo de caçador ficou conhecido como "onceiro" (Freireyss, 1982:169). Fazendeiros os contratavam para irem de um canto a outro "desonçar" a região, matando onças-pintadas e pardas – animais que, devido a isso, encontram-se quase extintos nas florestas e cerrados mineiros, assim como em outras regiões do Brasil.

Os pássaros também podiam ser alvo da ira dos fazendeiros. Nas áreas de plantação de milho, câmaras municipais estimularam a caça a aves consideradas pragas. Em Serro Frio (MG), os vereadores, em 1755, alarmaram-se com o "grande dano que lhes fazem os pássaros pretos e outros mais [...] aos milhos e mais alguns que plantam". O poder municipal determinou, então, que todos lavradores da região apresentariam anualmente às autoridades "duas dúzias de cabeças desses pássaros" e, caso não cumprissem a determinação, deveriam pagar multa (Meneses, 2000:132).

No século XIX, começaram a se tornar mais frequentes alguns tipos de caças especializadas. Uma delas foi a científica, que consistia em capturar animais para fins de pesquisa e conhecimento. Os bichos selvagens eram mortos para conhecer sua anatomia. Esse tipo de caça também tinha por objetivo a formação de coleções de animais taxidermizados (empalhados), enviados a museus de história natural europeus. Eventualmente, esses animais eram mandados vivos, para abastecer os zoológicos.

Tal forma de caça foi muito comum em relação aos insetos: homens livres ou escravos trabalhavam para os cientistas europeus como caçadores de borboletas, de besouros, entre outros, formando imensas coleções conservadas com a ajuda de produtos químicos.

A caça esportiva é outra modalidade que surge – ou se expande – no século XIX. Antes de existir no Brasil, reis e nobres europeus costumavam se reunir em grandes grupos de caça, como ocorria na Inglaterra. Esses encontros eram muito importantes, pois era um momento em que se podia ter contato direto com o rei, assim como mostrar quem tinha mais prestígio na sociedade. Aqueles que andavam a cavalo ao lado do monarca eram os mais poderosos, os que ficavam no final da fila dos grupos de caçadores eram os menos poderosos. Chegou-se mesmo a afirmar que esse ritual era a corte régia em ação. Devido a tamanha importância, a caça clandestina nas reservas florestais dos reis era severamente punida: na Inglaterra do século XVIII, aplicava-se a pena de morte a esse tipo de caçador (Thompson, 1987:22).

Após a Independência, e consequente formação do regime monárquico, tentou-se estimular a caça nobre no Brasil. Um de seus mais ardorosos partidários foi Adolfo Varnhagen (1816-1878), autor do *Caça no Brasil, ou manual do caçador em toda a América tropical*, publicado em 1860. Tratava-se, cabe sublinhar, de um dos intelectuais mais respeitados da época e que publicara, seis anos antes, o primeiro volume da portentosa *História Geral do Brasil*.

Varnhagen considerava a caça esportiva equivalente à arte da guerra, ou seja, uma forma de treinamento do guerreiro aristocrata. Seu livro também estimula a prática da falcoaria (caça através de aves de rapina domesticadas) entre os aristocratas brasileiros. Desde o século XVII, tal costume estava caindo em desuso em Portugal, pelos custos e complexidade da criação das aves. Nessa atividade, desaconselhava-se o uso de espécies tidas como agressivas: "Das águias não se fazia uso [...] em virtude de sua excessiva corpulência e força, que podiam pôr em risco a vida do caçador" (1860:41).

Mais importante ainda eram os benefícios físicos advindos das caçadas. "O exercício da caça, indispensável ao selvagem para buscar o alimento, converte-se para o homem civilizado em uma distração lícita, com que dá trégua aos cuidados e trabalhos do espírito, robustecendo o corpo e geralmente o coração". Até mesmo do ponto de vista médico, a atividade era recomendada: "Os passeios ao campo, que lhe ocasiona, são higiênicos..."

Sabe-se que D. Pedro II (1825-1891) gostava muitos desses passeios, praticando-os desde a infância em uma fazenda próxima à cidade do Rio de Janeiro. Um de seus biógrafos chega a afirmar: "Todos os anos, desde a infância, o Imperador visitava a fazenda de Santa Cruz, dando-se à caça, em cujo exercício se tornou mui destro" (Campos, 1871:23). Era um costume arraigado na família imperial, do qual nem mesmo as mulheres estavam excluídas. Dona Maria Leopoldina de Áustria (1797-1826), mãe de D. Pedro II, costumava caçar nas matas de Jacarepaguá, em área não muito distante da Corte carioca (Lessa, 1940:155-156).

Parte da elite imperial imitou a família real e também passou a praticar a caça esportiva. A literatura romântica, publicada em folhetins de jornais, divulgou essa prática. No romance *O filho do pescador* (1843), de Antonio Gonçalves Teixeira e Sousa, é narrada uma história de amor nascida durante uma caçada.

A imigração europeia foi outro fator importante no florescimento da caça esportiva. Muitos imigrantes destinavam-se a substituir trabalhadores escravos; outros, porém, fundaram comunidades autônomas no Sul do Brasil, que em larga medida tentavam reproduzir costumes da sociedade de origem.

Tal situação estimulou a formação de novas associações de caça. O próprio Varnhagen sugeriu a criação de Irmandades de Santo Humberto – santo, desde a Idade Média, protetor dos caçadores –, com o objetivo de congregar aqueles que se dedicavam a essa atividade. Os imigrantes estrangeiros, por sua vez, fundaram associações laicas, como o Club dos Caçadores de Porto Alegre, no Rio Grande do Sul, existente desde a década de 1870; o mesmo sendo registrado na colônia alemã de Colônia Blumenau, em Santa Catarina.

Além da caça e do tiro, esses clubes estimularam a importação de cães de raça. Essas iniciativas contaram com o apoio do principal meio de comunicação da época: a imprensa escrita. Em 24 de agosto de 1877, o jornal gaúcho *O Globo: comercio, lavoura e indústria*, publica a seguinte notícia:

Club dos Caçadores – Procedeu-se ontem ao sorteio para a distribuição dos cães ultimamente mandados vir da Europa. Eis o resultado:
Perdigueiros – Bacca, a Germano Hasslocher; Saturno, a Victor Rist; Vulcan, a Carlos Daud; Musa, a Carlos Dugge. (Todos cães filhos da cachorra Diana)
Veadeiros – Brisa, a José Joaquim de Carvalho Bastos; Sul, a Vicente Ferrer da Silva Freire. (Ambos filhos da cachorra Waldina).

O treinamento a que estes animais estavam submetidos era de natureza militar. Sua preparação começava aos três meses, quando eram desmamados e alimentados com leite, farinha, fubá e legumes, pois se acreditava que a alimentação com carne e ossos dava origem a doenças. O ensino da caça começava entre oito e 12 meses de vida. Nessa idade, os cães deveriam ser acostumados a dormir no chão e no sereno. A comida, segundo as recomendações dos criadores, deveria ficar escondida, obrigando-os a farejar para encontrá-la. Sugeriam, ainda, atirar alimentos nos rios, para que fossem recuperados. A vida espartana dos cachorros também implicava em longos períodos de abstinência sexual: "Evitar quando possível a casual união dos sexos, para que o não saboreiem muito, e não ganhem vício, quando não convém que conheçam mais prazeres que os da caça" (Varnhagen, 1860:50).

No fim do século XIX e início do XX, as associações de caça esportiva começam a se multiplicar. Em 16 de setembro de 1905, o *Jornal do Brasil* noticia a existência, no Rio de Janeiro, do Tiro Civil – Club Caça e Tiro ao Alvo. O levantamento nos jornais brasileiros dos vinte anos subsequentes revela a fundação de várias associações similares a essa: Club dos Caçadores e Atiradores de São Paulo, Club dos Caçadores de Ribeirão Preto, Club dos Caçadores do Espírito Santo, Club dos Caçadores do Ceará, Club dos Caçadores Japoneses.

A multiplicação dessas organizações estimulou a formação de outras, de abrangência nacional, como ocorreu em 1942 com a criação da Confederação Brasileira de Caça e Tiro. A preocupação era tanta que se chegou a criar um Conselho Nacional de Caça, vinculado ao Ministério da Agricultura e que funcionou entre 1939 e 1946. Outro dado interessante do período foi a multiplicação de publicações. Monteiro Lobato, em 1933, lança *Caçadas de Pedrinho*, narrando uma caçada imaginária comandada por crianças; oito anos mais tarde surge em São Paulo um periódico destinado ao público adulto: *Caça e Pesca: revista mensal* (Lessa, 1940:16).

Justamente no momento em que a população urbana brasileira começou a aumentar em ritmo mais intenso, a caça esportiva foi organizada e ganhou novos adeptos. Talvez não por acaso, nessa mesma época, multiplicaram-se leis protetoras da fauna, tentando impor limites àqueles que iam para as florestas não mais em busca de alimentos, mas para se "distraírem" matando animais.

As leis contra a caça

No século XIX, em termos internacionais, a legislação protetora dizia respeito aos animais domésticos. Antes disso, até a criação das primeiras leis protetoras, procurava-se proteger os animais para fins práticos: respeito à propriedade (privada ou régia) sobre o animal e preservação de espécies selvagens que serviam de alimentos.

Um exemplo interessante, comum a várias localidades do Brasil colonial, era o da pescaria. Nos séculos XVII e XVIII, ficou proibido, para fins de pesca, o uso de redes de malha fina, também chamadas redes de arrasto, que não deixam escapar peixe algum. Caso fosse constatado o uso dessas redes, o pescador era condenado a pagar multa e ter o instrumento de pesca confiscado e destruído (Silva, 1988:35). Tal prática capturava e matava alevinos, levando à extinção dos cardumes, comprometendo o abastecimento nas cidades e fazendas.

A caça à baleia foi controlada por meio de leis antigas. No século XVII, sua captura dependia de autorização do rei de Portugal (Levai & Souza, 2009:269). O motivo era a cobrança de impostos. O monarca exigia que fossem pagas altas quantias para exercer a atividade de baleeiro. Muitos faziam esses pagamentos, pois não tinham apenas o interesse em vender a carne do animal, como também extrair o óleo da gordura das baleias, que era empregado na iluminação das casas e ruas coloniais.

A caça à baleia foi primeiramente proibida pela Lei nº 7.643, aprovada em 1987, que também proíbe a captura de botos e golfinhos. Mas, para se chegar a essa situação, foram necessárias muitas horas de debates parlamentares e acordos internacionais, pois não bastava a proibição em nível nacional. Barcos pescadores estrangeiros vinham frequentemente ao litoral brasileiro para tal tipo de pesca, levando à quase extinção das espécies que aí se encontravam.

Atualmente, a atividade pesqueira brasileira está regulada pela Lei nº 11.959, aprovada em 2009, que deu início à Política Nacional de Desenvolvimento Sustentável da Aquicultura e da Pesca. Esta lei objetiva o desenvolvimento da pesca e da aquicultura em harmonia com a preservação da biodiversidade e do meio ambiente.

Em relação aos animais silvestres, a luta também foi muito demorada, sendo marcada por avanços e retrocessos. A multiplicação de caçadores amadores e esportivos passou a representar, juntamente com o tráfico de peles de animais, uma ameaça a muitas espécies. Além disso, ao longo do século XX, sofreram ainda mais em consequência do aumento do número e do tamanho das fazendas de agricultura e pecuária, levando à destruição de florestas e do cerrado brasileiro.

Nossas primeiras leis tentando proibir ou, pelo menos, restringir a caça são da mesma época em que começou a surgir a legislação de proteção aos animais domésticos. O Código de Caça e Pesca restringiu, a partir de 1939, o período de caça a somente cinco meses ao ano. Procurava-se, assim, não prejudicar a reprodução e o crescimento dos filhotes. O novo código também obrigou os sócios dos clubes de caça a pagarem licença e provarem ter mais de 18 anos. Mais importante ainda foi a decisão de considerar os parques nacionais refúgios de animais, que lá não poderiam ser caçados.

Em 1967, foi aprovada a Lei nº 5.197, que dispõe sobre a proteção à fauna. Essa lei proibiu a caça profissional, mas a permitiu a com finalidades esportivas (amadorista) e a para controle de animais silvestres nocivos à agricultura e à saúde pública. Tal lei prevê em seu Art. 6º: "O Poder Público estimulará: a) a formação e o funcionamento de clubes e sociedade amadoristas de caça e de tiro ao alvo, objetivando alcançar o espírito associativista para a prática desse esporte".

Paradoxalmente, portanto, a legislação que deveria proteger a fauna estimulou atividades visando a sua destruição. O único estado brasileiro que regulamentou a caça esportiva foi o Rio Grande do Sul. Porém, graças ao ativismo de protetores de animais, mesmo nesse estado, a prática está suspensa desde 2005.

Em razão de a lei que autoriza a caça esportiva no Brasil ser anterior à Constituição Federal de 1988, que estabelece que são vedadas quaisquer práticas que submetam os animais à crueldade (art. 225 §1º, VII), hoje defende-se a proibição de qualquer atividade desse porte. Assim, o TRF (Tribunal Regional Federal) da 4ª região afirmou

> reconhecer que a caça amadorista, a caça recreativa e a caça esportiva não podem ser liberadas nem licenciadas pelo réu IBAMA no Estado do Rio Grande do Sul porque não têm finalidade socialmente relevante (art.5 XXIII, art.170 – III e VI, e art. 225 §1º da CF/88), porque não condizem com a dignidade humana (art.1º III da CF/88), porque não contribuem para construção de uma sociedade livre, justa e solidária (art. 3º I da CF/88) e porque submetem os animais silvestres à crueldade. (art.225 §1º VII da CF/88)

De acordo com esse mesmo documento, "o prazer da caça amadorista pode ser alcançado pela prática de atividades semelhantes, tão prazerosas quanto, mas muito menos danosas que o abate injustificado de animais silvestres".

Importa salientar ainda que, em 2009, estando tramitando recursos contra a decisão acima mencionada, o próprio Instituto Brasileiro do Meio Ambiente e dos Recursos Naturais Renováveis (Ibama) apresentou um documento informando que

> o Conselho Gestor do Ibama, em reunião realizada em 10 de novembro de 2008, indo ao encontro das orientações técnicas e da enquete popular, decidiu que a autarquia alteraria o seu po-

sicionamento acerca da caça para fins amadorísticos, adotando postura contrária a sua realização, salvo nos casos de caça de controle com fins de manejo – hipótese essa autorizada por lei. (Brasil. Supremo Tribunal Federal. Reclamação 6451/RS)

Ou seja, atualmente o Ibama é favorável à proibição da caça esportiva.

Outro tipo de caça que coloca em risco a fauna silvestre brasileira é aquele decorrente do comércio ilegal de peles e couros de animais das florestas.

Várias espécies, como jacarés e onças, são capturadas e mortas para a fabricação de roupas e bolsas fora do país, cujos preços elevados estimulam a multiplicação de caçadores. Uma pesquisadora define a situação: "os animais usados para indústrias de pele são pegos em armadilhas, pelas patas. Esses equipamentos causam horas, e até mesmo dias, de sofrimento ao animal aprisionado, até que o caçador apareça e o estrangule, tudo isso para a produção de supérfluos" (Dias, 2000).

Desde 1967, visando proteger a fauna silvestre dessa caça movida pela cobiça, a referida Lei nº 5.197 determinou claramente, em seu art. 3º, que "é proibido o comércio de espécimes da fauna silvestre e de produtos e objetos que impliquem na sua caça, perseguição, destruição ou apanha".

Nos primórdios da história, homens caçavam para sobreviver. Depois, percebendo que tal atividade poderia ser uma aventura, determinados grupos começaram a caçar para se divertir, sem perceber que tal prazer implicava dor e sofrimento para os animais. Hoje, com o desenvolvimento da luta ambientalista e o consequente combate legal à caça, têm surgido alternativas para aqueles que gostam de andar em florestas e cerrados, em busca de animais, mas não para matá-los e, sim, para registrar sua beleza por meio de safaris fotográficos.

Safari, em suaíli, língua do Quênia, quer dizer viagem (Dias, 2000:109). Na Europa, a palavra passou a ser utilizada frequentemente para designar "expedição de caça". Como ensina a pesquisadora Edna Cardoso Dias (2000): "as revoluções políticas e as pressões ecológicas internacionais transformaram boa parte da África em parques nacionais". Em razão disso, os "safáris mais em moda hoje são os fotográficos, os ornitológicos e os 'wild walkings'. Na Índia, na África do Sul e em outros países, constatou-se que o turismo ecológico é infinitamente mais rendoso e traz mais divisas que a caça".

As agências de turismo perceberam que muitos gostavam do safari pelo fato de poderem ficar dias nas florestas e savanas. A solução encontrada foi trocar armas por máquinas fotográficas ou de filmar. Graças a isso, muitas vidas de animais têm sido poupadas.

No Brasil, são organizados vários safáris fotográficos no Pantanal, na Floresta Amazônica ou nos diversos parques florestais e reservas ambientais existentes. A iniciativa tem dado origem a uma nova onda de associativismo, como é o caso das organizações de observadores de aves, que atualmente contam com uma associação nacional – a Associação Brasileira de Observadores de Aves (Aboa) – e os seguintes integrantes regionais: Clube das Aves (Universidade Católica de Brasília); Clube de Observadores de Aves da Bahia; Clube de Observadores de Aves de Foz do Iguaçu (PR); Clube de Observadores de Aves de Pernambuco; Clube de Observadores de Aves de Porto Alegre (RS); Clube de Observadores de Aves do Rio de Janeiro; Clube de Observadores de Aves do Sul-Fluminense (RJ); Amigos das Aves de Barra do Piraí (RJ); Clube de

Observadores de Aves do Vale Europeu, de Blumenau (SC); Ecologia e Observação de Aves de Belo Horizonte (Ecoavis - MG); Grupo de Observadores de Aves de Campinas (SP); Santa Catarina Birdwatching; Grupo de Observação de Aves de Jundiaí (SP); Grupo de Observadores de Aves de Franca (SP); Grupo de Observadores de Aves de Uberlândia (MG); Clube de Observadores de Aves de Campo Grande (MS); Clube de Observadores de Aves de Joinville e Região (SC); Associação Viçosense de Observadores de Aves (MG); Observadores de Aves de Ubatuba (SP).

Lista que está longe de completa, pois não inclui, entre outros, o Clube de Observadores de Aves de Paraty, no Rio de Janeiro, cujo Festival de Aves anualmente atrai inúmeros turistas estrangeiros. Essa forma de ecoturismo faz da caça esportiva um costume arcaico que, em breve, deverá ser completamente superado.

Capítulo 4

Animais trabalhadores

No livro *Aurora: reflexões sobre os preconceitos morais,* Friedrich Nietzsche (1844-1900) afirmou que a origem mais remota da preocupação com o bem-estar dos seres vivos está relacionada à ideia de propriedade privada e dos benefícios dela advindos. Para ilustrar essa ideia, o filósofo alemão citou o caso dos insetos, exterminados sem remorso algum (apud Ferry & Germé, 1994:435-436).

O uso dos animais no trabalho, contudo, cria situações ambíguas: embora sejam uma propriedade valorizada, muitos são explorados até a morte. A lista de animais trabalhadores é grande e diversificada, basta mencionar os vários usos dos cães.

Ao longo da história e em diferentes partes do mundo, os cães trabalharam na agricultura, puxando arados, ou no transporte, puxando trenós na neve; também foram usados em guerras. Na Inglaterra, no início dos tempos modernos, havia cães por toda parte, e eles realizavam os mais diversos trabalhos. Eram usados em pequenas carroças, vigiavam residências e farejavam rastros de criminosos. Na maioria das vezes, não gozavam de nenhum privilégio quando ficavam velhos ou incapazes para o trabalho, pois, "normalmente eram enforcados ou afogados quando deixavam de ter utilidade" (Thomas, 2010:144).

Atualmente os cães são utilizados pela polícia; são farejadores de pessoas soterradas, assim como de drogas e bombas; ajudam deficientes visuais e, em alguns casos, são artistas, trabalhando em circos, filmes de cinema e seriados de televisão; além de serem importantes vigilantes de imóveis.

O que é válido para os cães pode ser afirmado em relação a outros animais. Antes da invenção dos motores a carvão ou derivados do petróleo, os animais eram usados como força para fazer engrenagem e rodas se moverem em quase todas as atividades ligadas à produção e ao transporte.

Devido à inexistência de trens, automóveis ou aviões, eram os animais que carregavam pessoas e mercadorias nos territórios distantes do mar ou de rios navegáveis. Com a invenção das máquinas e da tecnologia, muitos animais foram, aos poucos, sendo substituídos. Mas, ainda hoje, um número imenso deles trabalha na cidade e no campo.

O problema daí decorrente é que, na maioria das vezes, o animal trabalhador é tratado como uma máquina, e não como um ser vivo. Essa realidade tende a mudar à medida que o movimento pelo bem-estar dos animais conquista novos adeptos e, acima de tudo, a partir do momento em que as pessoas se conscientizam de que os animais são seres sencientes.

Neste capítulo, trataremos dessa história – especialmente em relação aos equinos –, assim como de leis recentemente aprovadas, visando melhorar a vida dos bichos e garantir a eles melhores condições de trabalho e saúde.

O trabalho animal

Em versos, Cecília Meireles (1901-1964) mostra a vida de um animal trabalhador. Assim como o cavalinho da poesia, muitos outros animais trabalham em nosso país. Mas nem sempre gozam do merecido descanso, como relata a poetisa (Meireles, 1990:12).

> *O Cavalinho Branco*
> À tarde o cavalinho branco
> está muito cansado:
> mas há um pedacinho de campo
> onde é sempre feriado.
> O cavalo sacode a crina
> loura e comprida
> e nas verde ervas atira
> sua branca vida.
> Seu relincho estremece raízes
> e ele ensina aos ventos
> a alegria de sentir livres
> seus movimentos.
> Trabalhou todo o dia, tanto!
> desde a madrugada!
> Descansa entre as flores, cavalinho branco,
> de crina dourada!

O excesso de trabalho causa sofrimento aos animais. Alguns programas de televisão mostram, como sendo divertida, a imagem de um burro que foi levantado pelo excesso de peso da carroça que estava puxando. Isso representa uma forma de mau tratamento em relação aos animais, fato não raro de acontecer.

No livro *O homem e o mundo natural*, Keith Thomas, analisando a situação dos cavalos na Inglaterra setecentista, esclarece que muitos destes animais eram cavalgados até a morte e que os animais usados para tração eram tratados com muita severidade. O historiador cita um pregador de 1669: "Quantas vezes não os vi sucumbir sob a carga, combalidos das pernas e tombados para um lado, com as costas em carne viva, pelos campos ou cidades, virando-se em busca de um pouco de capim". A situação dos animais era, de fato, dramática: "Muitas vezes os ouvi, e lamentei, gemendo sob cargas absurdas e surrados por condutores impiedosos até que, enfim, graças a tal uso cruel, eles fossem destruídos e atirados em uma vala para servirem de pasto aos cães" (Thomas; 2010:140).

Esse mesmo historiador ainda conta que mesmo os cavalos utilizados para equitação eram obrigados a trabalhar até a exaustão, sendo descartados quando ficavam velhos ou doentes. Quando isso ocorria, era comum golpear o animal para tira-lhe a pele, a qual "embora sem grande valor, vale mais que o animal que ela contém" (Thomas; 2010:141).

Ainda hoje, muitos utilizam os animais sem qualquer consideração em relação a eles, que são submetidos a uma dura rotina de trabalho, por vezes privados de descanso, água e comida. No campo, eles são importante mão de obra para as atividades rurais e, nas cidades, são utilizados para puxar pessoas e cargas pesadas, por exemplo, de material reciclável das ruas.

Segundo Levai citado por Pontes (2012:129), "ninguém se preocupa com a situação destes animais, nem com o peso – tantas vezes exagerado – da carga transportada, tampouco com suas condições de saúde ou com abusos cometidos pelo homem que traz o relho nas mãos". Após vários anos, "se acaso eles resistirem às intempéries da labuta, chegando à velhice, seu destino dificilmente será outro que não o abandono cruel ou o matadouro".

Para os animais de tração, a boa notícia é que muitas cidades, sabendo dos abusos que vinham sendo cometidos, criaram leis que regulam o transporte por carroças.

A lei pioneira de proteção aos animais de tração é de 1886, vigorando na cidade de São Paulo. Atualmente, leis que visam proteger os animais de tração contra a atrocidades humanas vêm se tornando comuns no Brasil. Em Belo Horizonte, foi sancionada a Lei das carroças, nº 10.119, em 2011. Ela disciplina o trânsito de carroças pelas ruas da capital e impõe normas para utilização dos animais e cuidados. Eis o que afirma o sexto artigo da lei:

Art. 6º - O animal utilizado na tração de veículo deve estar em condições físicas e de saúde normais, identificado, ferrado, limpo, alimentado, dessedentado e em condições de segurança para o desempenho do trabalho.

§ 1º - É vedada a utilização, nas atividades de tração de veículo e carga, de animal cego, ferido, enfermo, extenuado, mutilado, desferrado, bem como de fêmea em estado de gestação ou aleitamento.

§ 2º - A jornada de trabalho do animal deverá ser de, no máximo, 8h (oito horas), de preferência no período das 6 (seis) às 18h (dezoito horas), incluído o deslocamento para o trabalho, observado o intervalo de descanso de, no mínimo, 10min (dez minutos) por hora de trabalho.

§ 3º - Durante a jornada de trabalho, deverão ser oferecidos água e alimento para o animal, pelo menos de 4 (quatro) em 4h (quatro horas).

A Lei das carroças de Belo Horizonte estabeleceu normas que o carroceiro deve obedecer ao utilizar o animal como trabalhador. Entre elas: não colocar peso demais, dar água e comida, propiciar descanso, garantir que o animal não trabalhe doente, não utilizar chicote.

Esse tipo de lei tem sido reproduzido em muitas cidades, como é o caso daquelas que utilizam charretes para passeios turísticos. Se efetivamente cumpridos, os dispositivos normativos garantirão aos cavalos, burros, mulas e demais equinos trabalhadores uma vida melhor e diferente da vida que levavam seus antepassados, num tempo em que o Brasil dependia do trabalho desses animais, mas não tinha nenhum cuidado com o bem-estar deles.

Um pouco desta história

No século XVI, antes mesmo da formação das fazendas de cana-de-açúcar, o carro de boi era utilizado em terras brasileiras para o transporte do pau-brasil até as caravelas que partiam rumo a Portugal (Souza, 1958:109).

Após o estabelecimento dos primeiros engenhos, o uso do gado para múltiplos fins se intensificou. Além de alimento, bois tornaram-se força motriz dos engenhos, fazendo girar as rodas que garantiam a prensagem da cana-de-açúcar, principalmente nas fazendas situadas longe dos rios. Os carros de boi também transportavam a cana da lavoura até a casa do engenho ou levavam o açúcar até os portos fluviais ou marítimos. À medida que as vilas e cidade prosperaram, seu uso foi amplamente empregado para carregar material para construção das edificações.

Na história do transporte colonial no Brasil, as tropas de mulas são outra página importante. Durante muitos anos, as mercadorias foram transportadas por meio delas. As tropas normalmente eram compostas por dez animais de carga e mais um cavalo ou égua, chamado de "madrinheiro", que era conduzido pelo dono da tropa (Martins, 2007). A tropa era guiada por um burro, que conhecia bem os caminhos e carregava menos peso que os demais animais. No fim da fila, ficava o chamado "burro de coice", que era o que carregava mais peso e também tinha a função de "empurrar" os animais que parassem pelo caminho. Paralelamente, vinha uma pequena mula, que carregava os utensílios de cozinha e os mantimentos dos tropeiros. Estas tropas percorriam as inúmeras estradas e caminhos que ligavam o litoral aos centros de mineração e de comércio.

Os caminhos dos tropeiros normalmente eram difíceis e cheios de perigos. Um estudioso do assunto explica que, na região de Diamantina, Minas Gerais, as tropas percorriam cerca de 20 km por dia, normalmente nas horas mais frescas da manhã (Martins, 2007:120). Depois disso, paravam para descansar, os animais eram descarregados e alimentados. No dia seguinte, a marcha continuava cedo.

Os animais precisavam desse descanso, caso contrário, não conseguiriam trabalhar. Eles carregavam muito peso, e as estradas de terra eram muito ruins. Cada mula suportava até 120 kg. Às vezes, o cansaço e o peso eram tantos que o animal caía paralisado. Quando isso acontecia, alguém da tropa encarregava-se de levantá-lo e colocava de novo a carga sobre ele (Martins, 2007). E a viagem seguia.

Além do peso, a má qualidade dos caminhos também maltratava os animais. As trilhas eram particularmente perigosas por causa dos abismos e dos atolamentos gerados por enxurradas. Em 1906, um jornal de Diamantina noticiou sobre a estrada: "três animais [haviam sido] mortos quando tentavam atravessá-la [...] prova sinistra e incontestada do perigo constante oferecido às tropas em trânsito para o nosso mercado".

O perigo para os animais também ocorria quando eles eram obrigados a atravessar os muitos rios que banham o território brasileiro: vários se afogavam.

Embora esses animais fossem muito importantes para os brasileiros do século XIX, eles nem sempre eram bem tratados. Eis o que afirma Gilberto Freyre: "Já na segunda metade do mesmo século – em 1865 – Codman, tendo observado a entrada de uma tropa de mulas na cidade de Santos, notou que quando os tropeiros retiravam as cangalhas dos animais, viam-se em muitos deles feridas que iam até os ossos". Isso decorria das "longas viagens por maus caminhos, sem que os homens se preocupassem com os animais" (Freyre, 2006:632).

Os animais chegavam das viagens com feridas que iam até os ossos. Tudo porque, além de os caminhos serem ruins, os tropeiros não se preocupavam com os animais. A situação dos que trabalhavam transportando pessoas na cidade não era melhor: as ruas eram esburacadas e, normalmente, muito peso era colocado sobre o animal trabalhador.

Com condições tão ruins de trabalho e sofrendo muitos maus-tratos, a vida das mulas era curta. Uma mula ou um cavalo, quando bem tratados, vivem cerca de 20 a 30 anos. Mas em Minas Gerais daquela época, a vida era bem mais breve: "De Minas Gerais se sabe com segurança que, em 1837, era servida por cerca de 260 mil mulas de transporte, das quais nunca me-

A proteção jurídica aos animais no Brasil 69

nos de 18 mil a 20 mil morriam a cada ano" (Freyre, 2006:635). Esses animais também eram usados no transporte urbano:

E quase o mesmo martírio sofriam as mulas nas cidades, transportando pelas ruas esburacadas, em caleças e carros arcaicos, gordos vigários, imensas baronesas acompanhadas de pretas também opulentas, fidalgos enormemente arredondados pelo pirão e pela inércia ou inchados monstruosamente pela elefantíase. (Freyre, 2006:632)

Os animais foram importantes não só por causa das tropas que transportavam mercadorias, ouro e pessoas. Até 1888, os bichos trabalhadores aliviaram, muitas vezes, a vida sofrida dos escravos. Em relação a essa questão, Gilberto Freyre (2006:621) destaca: "cavalo e boi, cabra e mula foram animais que, em nossa formação social, concorreram para aliviar tanto o escravo como o homem livre, mas pobre, dos seus encargos; e o senhor, de sua exclusiva dependência do trabalho, da energia e do leite de escravos".

Bem mais frequente ainda era a combinação de diferentes formas de trabalho humano e animal. Curiosamente, o jornal *Diário do Rio de Janeiro,* de 4 de fevereiro de 1822, anunciou, entre inúmeros conjuntos de mercadorias, a venda de um kit completo, constituído por escravo, animal e máquina: "huma carroça com a sua besta e hum preto mui habil para andar com a mesma"; ou seja, o escravo para dirigir, o animal para puxar e a carruagem (Freyre, 2006:672).

Apenas quando as máquinas modernas, como os trens, começaram a chegar ao Brasil é que o trabalho – tanto de escravos quanto de animais – foi sendo menos utilizado. Conforme, uma vez mais, observou Gilberto Freyre:

Com o começo da generalização do uso da máquina é que verdadeiramente principiou a libertação do negro, da escravidão e da servidão; e se tornou possível a valorização do animal, por longo tempo explorado entre nós com uma crueldade que chegou a impressionar mal os estrangeiros mais benevolentes que visitaram nosso país. (2006:622)

O risco da exploração

Atualmente, a maior parte das mercadorias é transportada por carros, trens, aviões. Mas ainda existem cavalos, burros e mulas trabalhadores espalhados pelos campos e cidades no país. Importa saber se esses animais são devidamente tratados, se recebem a devida alimentação e descanso e se seu trabalho não é excessivo.

Sznick (2001) explica que trabalho excessivo "é aquele que excede as forças do animal ou é executado quando o mesmo já está fatigado ou ainda doente". Esse autor apresenta, ainda, uma tipologia da exploração:

[...] é aquele trabalho que, quer pelo tempo de serviço (por exemplo, mais de 8 horas), quer por falta de alimento (mais de 6 horas), quer pelas condições do ambiente (chuva, calor abrasador), quer em relação à carga ou ao esforço (superior às forças), quer pelo estado de saúde do próprio animal (em gestação, se fêmea; doente) ou então pelo estado físico já imprestável (cego, coxo).

Em síntese, "o trabalho excessivo se tem quando o animal não o consegue suportar sem que sofra grande padecimento" (Sznick, 2001:301).

Os cavalos, mulas e burros, como os demais seres vivos, devem ser respeitados. As delegacias de proteção aos animais existem para receber denúncias de possíveis maus-tratos a que eles estejam submetidos.

Capítulo 5

Prendendo bichos

Uma das formas mais comuns de maldade em relação aos animais consiste em prendê-los. Isso ocorre com muitos pássaros. Há tempos, eles são colocados em gaiolas. Muitos também sofrem maus-tratos ou são propositalmente feridos. Luiz Gonzaga (1912-1989), o "rei do baião", compôs uma música em que conta a triste sina de um pássaro, que teve seus olhos furados por acreditarem que isso aprimorava seu canto (Gonzaga, 2014):

Assum Preto

Tudo em vorta é só beleza
Sol de abril e a mata em frô
Mas Assum Preto, cego dos óio
Num vendo a luz, ai, canta de dor

Tarvez por ignorança
Ou mardade das pió
Furaro os óio do Assum Preto
Pra ele assim, ai, cantá de mió

Assum Preto veve sorto
Mas num pode avuá
Mil vez a sina de uma gaiola
Desde que o céu, ai, pudesse oiá

Assum Preto, o meu cantar
É tão triste como o teu
Também roubaro o meu amor
Que era a luz, ai, dos óios meus

Também roubaro o meu amor
Que era a luz, ai, dos óios meus

Esse ato, embora proibido, ainda é comum entre vendedores de passarinhos e também é perpetrado contra sabiás.

Um costume antigo

Prender pássaros em gaiolas é um costume muito antigo. Há mais de 500 anos, logo que os europeus aqui chegaram, registrou-se o encantamento pelas aves do Novo Mundo. Na famosa Carta ao rei Dom Manuel, Pero Vaz de Caminha menciona as primeiras impressões que teve das terras descobertas e descreve com entusiasmo: "papagaios vermelhos, muito grandes e formosos, e dois verdes pequeninos", que integrantes da expedição pegaram e enviaram a Portugal, para que o rei pudesse apreciar a beleza e a fala deles (Pereira, 2002).

Até hoje, prender em gaiolas é a forma que o homem encontrou de ter para si o canto dos pássaros cativos. É importante ressaltar que o cativeiro – ou seja, a privação da liberdade para seres dotados de asas – é, em alguns casos, autorizado ou não proibido por lei.

A atual legislação brasileira permite a retenção de aves em alguns casos específicos, como em relação aos canários belgas. Uma vez cativos, sua libertação em um sistema ecológico que desconhecem implicaria em condená-los à morte quase imediata, pela incapacidade de localizar alimentos ou mesmo voar em espaços abertos.

Em relação às aves da fauna silvestre brasileira, também há a possibilidade de conseguir a criação autorizada. O Ibama mantém em seu portal na Internet o Sistema de Gestão de Criadores de Passeriformes Silvestres (Sispass). Esse serviço, conforme explicado no site, "tem como uma de suas finalidades instruir os criadores amadoristas a criar seus pássaros dentro das instruções normativas".

Somente no estado do Espírito Santo, existem cerca de 30 mil criadores cadastrados, principalmente de trinca-ferro, coleiro, curió, canário-da-terra. No entanto, o sistema não funciona como "um mecanismo de regularização de pássaros, tanto para aves capturadas da natureza quanto para aves que não possuem origem legal comprovada".

O Ibama mantém uma lista de criadores comerciais autorizados. Cabe lembrar que, no Brasil, existe uma lei, chamada Lei de Crimes Ambientais, Lei nº 9.605, de 12 de fevereiro de 1998, que prevê como crime vender animais de nossa da fauna silvestre. Um dos artigos desse dispositivo normativo proíbe terminantemente:

Art. 29. Matar, perseguir, caçar, apanhar, utilizar espécimes da fauna silvestre, nativos ou em rota migratória, sem a devida permissão, licença ou autorização da autoridade competente, ou em desacordo com a obtida:

Pena - detenção de seis meses a um ano, e multa.

§ 1º Incorre nas mesmas penas:

I - quem impede a procriação da fauna, sem licença, autorização ou em desacordo com a obtida;

II - quem modifica, danifica ou destrói ninho, abrigo ou criadouro natural;

III - quem vende, expõe à venda, exporta ou adquire, guarda, tem em cativeiro ou depósito, utiliza ou transporta ovos, larvas ou espécimes da fauna silvestre, nativa ou em rota migratória, bem como produtos e objetos dela oriundos, provenientes de criadouros não autorizados ou sem a devida permissão, licença ou autorização da autoridade competente.

Devido ao aprisionamento em gaiolas, muitas espécies de pássaros entraram em extinção no Brasil. Outras tantas estão na lista de ameaçadas de extinção. Segundo o Programa das Nações Unidas para o Meio Ambiente (Pnuma), várias espécies de animais desaparecem diariamente em nosso planeta.

Um promotor de justiça do meio ambiente em Salvador explica que

muitos animais silvestres são vendidos ilegalmente para países da Europa, América do Norte e Ásia, onde são utilizados em coleções particulares, zoológicos, universidades, centros de pesquisa, indústrias químicas e farmacêutica, atividade responsável pela retirada de 12 milhões anuais de espécimes da fauna brasileira, e o que é pior, apenas 10% desses animais conseguem chegar vivos ao seu destino, pois a grande maioria morre durante a captura ou no processo de comercialização. (Santana, 2003:307)

Algumas aves se tornaram tão raras que poucas pessoas conhecem os nomes delas. O verbete da Wikipédia "Lista de aves silvestres brasileiras em extinção" (Lista, 2014) enumera denominações de pássaros, em sua maioria, desconhecidas pelos não especialistas, tais como papagaio-charão, papagaio-de-cara-roxa, saíra-apunhalada, pararu-espelho, maçarico-esquimó, jacamim-de-costas-verdes, balança-rabo-canela, tiriba-de-orelha-branca, besourão-de-bico-grande.

Além do desmatamento e da poluição, outro fator que contribui muito para a extinção das aves do Brasil é o tráfico de animais.

O Brasil possui a maior reserva biológica da Terra. O território nacional abriga cerca de 55 mil espécies de plantas, 524 espécies de mamíferos e 3 mil espécies de peixes de água doce. Isso acaba tornando o país um dos principais alvos do tráfico de animais (Santana, 2003:306).

Essa história começou assim que os portugueses descobriram as riquezas da nossa fauna. No trecho da carta de Caminha, são mencionados pássaros enviados para Europa, no início do século XVI, há mais de quinhentos anos.

A exportação de passarinhos

Segundo a estudiosa Edna Cardoso Dias,

a importação de aves exóticas, especialmente de papagaios do Brasil, alcança níveis tão altos na Europa e nos Estados Unidos, que a *Environmental Investigation Agency* (EIA) publicou um relatório alarmante, em que descreve com detalhes e ilustrações fotográficas as condições em que são transportados esses animais. (2000:115)

A maioria dos pássaros capturados ilegalmente nas matas brasileiras chega doente ou morta a seu destino, principalmente quando as aves são transportadas para países distantes. Capturadas ainda em seus ninhos, são acomodadas em condições precárias e cruéis; quase sempre faltam espaço e alimento nas gaiolas ou caixas que são usadas para transportá-las.

Os animais sobreviventes são condenados a uma vida longe do seu habitat natural. Esse comércio internacional movimenta ilegalmente milhões de dólares e é um dos grandes responsáveis pela quase extinção de várias espécies de animais da fauna brasileira.

Nem os peixes escapam de serem vítimas da atividade criminosa. Os que são raros e ornamentais – ou seja, que não são utilizados para alimentação, mas, sim, em aquários domésticos – têm sido traficados em grande quantidade. O Ibama tem combatido esse tráfico, que ocorre principalmente nas margens dos rios Amazonas e Solimões. Lá, alguns peixes raros, como os aruanãs, são capturados sem levar em conta as necessidades de preservação da espécie.

Para reverter essa situação e devolver à natureza as espécies capturadas no tráfico ilegal, o Ibama criou os Centros de Triagem de Animais Silvestres (Cetas), responsáveis "por receber, identificar, marcar, triar, avaliar, recuperar, reabilitar e destinar animais silvestres" (Destro, 2013).

Um estudo realizado por Guilherme Fernando Gomes Destro e outros técnicos do Ibama revelou que, entre 2002 e 2009, cerca de 250 mil aves foram acolhidas nos Cetas espalhados pelo Brasil. Muitas delas chegaram doentes a esses abrigos e acabaram morrendo quase que imediatamente. Há de se ressaltar que, no referido período, aproximadamente

100 mil aves foram novamente libertadas em seu meio ambiente original.

A guarda doméstica de pássaros silvestres sem autorização do órgão competente é crime ambiental. A pena para quem comete tal crime é de detenção de seis meses a um ano, assim como o pagamento de multa. O perdão judicial pode ser concedido somente naqueles casos em que a espécie não estiver ameaçada de extinção.

Oportuno ressaltar que a criminalização dessas condutas, por si só, não soluciona o problema. Tais práticas criminosas só deixarão de acontecer quando houver uma mudança coletiva de atitude em relação à natureza e aos animais.

Capítulo 6

Os limites da diversão

Uma dimensão fundamental na relação entre homens e animais diz respeito ao uso desses últimos para entretenimento. Há milhares de anos, os animais são utilizados em espetáculos nos quais, muitas vezes, o divertimento está associado a formas de crueldade.

Para ilustrar essa história e a legislação protetora que ela suscitou, selecionamos um tipo específico de espetáculo, que durante muitos séculos utilizou animais: o espetáculo circense.

As origens do circo

O circo surgiu na China. Nesse país, foram descobertas pinturas em pedras, datadas de 5 mil anos atrás, em que aparecem acrobatas, contorcionistas e equilibristas. Pinturas de malabaristas e equilibristas também foram desenhadas nas paredes das pirâmides do Egito. Além disso, acredita-se que a profissão de domador tenha origem no Egito, consistindo em trabalho para satisfazer os faraós, que exibiam os animais ferozes em desfiles militares (Biblioteca, 2014).

Na Grécia Antiga, malabarismo e trapezismo consistiam em modalidades de competições e jogos olímpicos. Nessa época, havia artistas cômicos, chamados de "sátiros", encarregados de fazer o povo gargalhar (Biblioteca, 2014).

No Império Romano, há mais de 2 mil anos, existia o "Circo Máximo", lugar destinado a demonstrações de habilidades artísticas. No Coliseu, eram apresentados animais exóticos, engolidores de fogo e gladiadores. Porém, no século I, as arenas tornaram-se palco de espetáculos sangrentos. Na época de Nero, esses espetáculos generalizaram os combates e matanças cruéis de homens e animais (Levai, 2003).

Com a decadência do Império Romano, as artes circenses se espalharam pelas praças públicas e feiras nas cidades europeias (Araújo & França, 2014). Há mais ou menos 500 anos, esses artistas eram denominados em Portugal pelo estranho nome de "trião". Eles faziam malabarismos ou contavam histórias satíricas. Também havia os "saltimbancos", que encenavam pequenas peças de teatro e cuja denominação decorria do fato de bastar um "banco" para os artistas atuarem.

No Brasil colonial, os ciganos faziam apresentações com malabaristas e animais. Em Minas Gerais do século XVIII, há registros de ciganos que iam de um lugar a outro com seus ursos que dançavam ao "som de pandeiros" (Duarte, 1995).

O circo contemporâneo reuniu todas essas tradições em um só lugar. O inglês Philip Astley, em Londres, por volta de 1770, criou o picadeiro ao descobrir como se equilibrar sobre um cavalo galopante. Ele organizou inicialmente apenas espetáculos equestres ao estilo militar, mas depois incrementou o circo reunindo atrações como saltimbancos, equilibristas, saltadores e palhaços (Biblioteca, 2014).

Somente em 1782, o nome "circo" foi utilizado pela primeira vez, na acepção moderna, por outro inglês, Charles Hughes, criador do "Circo Royal". A primeira grande companhia europeia a se apresentar no Brasil foi o Circo Bragassi, em 1830. Antes dela, existiam versões pequeninas, conhecida como "circos de cavalinhos", onde também eram apresentados animais domésticos amestrados, tais como cães e cabras.

No século XIX, começa a ser registrada, nos circos, a presença de outros animais, denominados "feras": leões, tigres, ursos e elefantes. Isso foi possível pois o surgimento e a multiplicação dos circos ocorreram, mais ou menos, na mesma época da criação dos jardins botânicos e zoológicos. As grandes companhias, tirando proveito do comércio existente para abastecer os zoológicos, começaram a comprar e manter animais selvagens, incluindo até camelos e coleções de cobras e serpentes.

Os jornais noticiavam que essas feras atraíam grande público. Não é difícil imaginar a razão de tanto sucesso. O cinema só foi inventado no fim do século XIX. O rádio, a televisão e a internet surgiram apenas ao longo no século XX. Nas pequenas cidades, quase sempre, nem mesmo existiam teatros. Assim, a chegada do circo era vista como um momento especial, uma tremenda festa coletiva, em que assistiam às apresentações de palhaços, malabaristas, contorcionistas e podiam ver de perto temíveis animais.

Aos poucos, a aproximação com os animais foi dando origem a um novo tipo de espetáculo. No início do século XX, generalizaram-se as apresentações de leões, tigres, ursos, elefantes amestrados. Esses bichos saltavam, dançavam, atravessavam arcos de fogo: respondiam a todos os comandos e ordens dos domadores.

Mas crianças e adultos que iam assistir a esses espetáculos não conheciam seus bastidores. Tanto no passado quanto no presente, os animais selvagens circenses são capturados na natureza ainda filhotes. Do seu habitat natural, eles são levados diretamente para jaulas, correntes e condenados a viajar com o circo. Em razão disso, passeios ao ar livre – entre árvores, com água fresca e bando reunido – tornam-se um passado muito distante.

Os elefantes, em seu ambiente natural, na Índia, gostam de andar. Percorrem longas distâncias, em torno de 80 km por dia. Ficar preso numa jaula é, para eles, algo terrível. Eis o que afirma uma especialista:

> Os elefantes são animais extremamente inteligentes, comunicam-se com os outros da espécie e vivem em grupos com papéis sociais definidos. Além disso, [...] são capazes de reconhecer um familiar mesmo tendo sido separados dele quando filhotes. Antes de chegar ao circo passam por meses de tortura. São amarrados sentados numa jaula onde não podem se mexer para que o peso comprima os órgãos internos e cause dor. Levam surras diárias e ficam sobre seus próprios excrementos, até que 'seu espírito seja quebrado', passando a obedecer. (Tuglio, 2005:487)

Além da perda de liberdade de movimentos condizentes com sua natureza selvagem, os animais capturados para fins circenses também perdem a maioria de suas características comportamentais, passando a apresentar atitudes anormais para a espécie. Aprisionados ainda jovens, deixam de ter a possibilidade de convívio e não mais aprendem com o bando as práticas de sobrevivência e os comportamentos que normalmente são passados de geração a geração (Regan, 2006:159).

Regan compara a condição de vida dos animais aprisionados pelos circos a dos criminosos presos: "É uma piada cruel dizer que prisioneiros humanos confinados em celas de 2m × 2,5m têm amplo espaço para serem humanos". Daí depreende-se que, para "felinos ou animais que atuam em circos, o espaço limitado também constitui privação, só que, no caso deles, nenhum crime foi cometido" (2006:160).

Pior realidade é a enfrentada no dia a dia dos treinamentos, o que não é sabido pelo público que frequenta os espetáculos. Os instrumentos usados pelos treinadores de hoje são os mesmos que acompanham o circo desde o seu início: chicotes, bastões com um gancho na extremidade, barras de metal, correntes, bastões elétricos, mordaças e força bruta humana (Tuglio, 2005).

É importante lembrar ainda que, apesar de muitos animais de circo serem mantidos em condições adequadas de abrigo e alimentação e com cuidados veterinários, a situação de maus-tratos persiste. Os bichos permanecem cativos, afastados de sua natureza selvagem e sujeitos a treinamentos degradantes.

Levai salienta: "Impossível não ver que um animal cativo, utilizado a vida toda em exibições circenses, está em permanente situação de sofrimento". Ao viajar "nas carrocerias dos caminhões, de sol a sol, em pequenas jaulas, para depois apresentarem nos picadeiros o número que lhes condicionaram pela violência, esses animais padecem em resignado silêncio". E complementa: "O aplauso inconsciente da plateia, ao final e cada exibição, é o mais doloroso estímulo para que esse abuso continue se prolongando no tempo, sem que os adultos – ou as crianças ali levadas – percebam seu equívoco ao prestigiar esse triste espetáculo de dominação humana" (2003:211).

Por reconhecer que a realidade por trás dos picadeiros e palcos é dramática, várias cidades vêm proibindo a apresentação de circos com animais. De qualquer modo, existem ainda muitas localidades em que a proibição não existe, e a forma de impedir que animais continuem sendo maltratados pelos circos é não ir assistir aos espetáculos. A tendência é a de proibir essas atividades artísticas, como já ocorreu em alguns estados, como Paraíba, Pernambuco, Rio de Janeiro, Rio Grande do Sul e Minas Gerais. Em relação às cidades que proíbem circos com animais, o site da ONG Projeto Esperança Animal (PEA) apresenta a seguinte listagem:

Araraquara (SP)	Curitiba (PR)	Porto Alegre (RS)
Atibaia (SP)	Diadema (SP)	Salto (SP)
Avaré (SP)	Florianópolis (SC)	Santa Maria (RS)
Balneário Camboriú (SC)	Foz do Iguaçu (PR)	Santo André (SP)
Batatais (SP)	Gravataí e Rio do Sul (RS)	Santos (SP)
Bauru (SP)	Guarulhos (SP)	Santos Dumont (MG)
Bebedouro (SP)	Itajaí (SC)	São Caetano do Sul (SP)
Belo Horizonte (MG)	Itu (SP)	São José dos Campos (SP)
Blumenau (SC)	Maringá (PR)	São João dos Pinhais (PR)
Camboriú (SC)	Montenegro (RS)	São Leopoldo (RS)
Campinas (SP)	Nova Odessa (SP)	São Paulo (SP)
Campo Grande (MT)	Novo Hamburgo (RS)	São Vicente (SP)
Campo Mourão (PR)	Olímpia (SP)	Sete Lagoas (MG)
Caxias do Sul (RS)	Passo Fundo (RS)	Sorocaba (SP)
Chapecó e Laguna (SC)	Poços de Caldas (MG)	Tangará da Serra (MT)
Cotia (SP)	Ponta Grossa (PR)	

O circo sem animais

A proposta de um circo sem animais vem ganhando adeptos no mundo inteiro. Muitos são os artistas, entre palhaços, malabaristas e trapezistas, capazes de entreter graciosamente o público por horas sem que, para isso, seja preciso acorrentar elefantes, enjaular leões ou privar macacos e avestruzes de sua liberdade.

Vários circos famosos internacionalmente – como o Cirque du Soleil (Canadá) e o Circus OZ (Austrália) – não utilizam animais em seus espetáculos. No Brasil, há vários circos desse gênero. O Circo Popular do Brasil apresenta, com sucesso, espetáculos só com artistas humanos; também existe a Intrépida Trupe, o Acrobático Fratelli, o Teatro de Anônimo e a Nau de Ícaros.

Esse tipo de arte tem alcançado apoio crescente por meio das escolas de circo ou do financiamento dos governos estaduais e federal. Em vez de levar ao fim do circo, procura-se reinventá-lo. O circo contemporâneo, o circo do século XXI, deve se basear na exploração criativa das habilidades humanas, e não na utilização perversa de animais sob as lonas.

Essa tendência também se reflete na legislação de vários países: Finlândia, Suécia, Cingapura e Israel são exemplos de locais onde foram aprovadas leis proibindo o uso de animais em circos. Nos Estados Unidos, 18 condados e municípios têm decretos proibindo exposições de animais selvagens ou exóticos, dentre eles Boulder (Colorado), Hollywood (Flórida), Newport (Flórida) e Orange County (Carolina do Norte) (Regan 2006:166).

Também a Índia acompanhou essa evolução legislativa: em dezembro de 2013, foi proibida a exploração de animais em circos. Após nove meses de investigação, o Conselho de Bem--Estar Animal da Índia (AWBI) decidiu proibir a apresentação de elefantes nos circos, uma vez que foram constatados maus--tratos aos animais. Nos treinamentos, os elefantes eram golpeados e espancados com armas, incluindo varas com pregos e bastões de metal com pontas parecidas com lanças.

Além disso, descobriram que elefantes estavam morrendo por não receberem cuidado adequado. Segundo a Agência de Notícias de Direitos Animais (Anda), eles não tinham tratamento veterinário e alguns deles "desapareciam sob circunstâncias misteriosas", provavelmente sendo comercializados via tráfico ilegal de animais.

É crescente, pois, o número de lugares que proíbe a apresentação de circos com animais, favorecendo um movimento mundial de reinvenção do circo, valorizando a arte e a habilidade dos profissionais humanos.

Capítulo 7

Crueldade e cultura popular

A proibição de animais em espetáculos circenses ganhou espaço nas legislações de vários países. Por isso mesmo, houve uma generalização de legislações no âmbito internacional e nacional.

O mesmo não podemos afirmar em relação a outras manifestações culturais, nas quais os animais são submetidos à crueldade. Isso ocorre com determinadas práticas que, consideradas "tradições culturais", tentam justificar por isso a violência em relação aos animais.

Nesses casos, não há consenso em como proceder. Em alguns cultos afro-brasileiros, umbanda e candomblé, por exemplo, defende-se o "sacrifício de animais" em nome da liberdade religiosa. Tais práticas, muitas vezes, implicam em tortura, pois os sacrificados "não morrem instantaneamente" (Sales, 2012:123-124).

Em outros contextos, as práticas cruéis contra animais, embora fundamentadas em tradições populares, foram proibidas. São os casos da farra do boi e das brigas de galo.

Farra do boi

A farra do boi consiste em uma prática comum a regiões do estado de Santa Catarina. Ela ocorria durante a Semana Santa. Para os historiadores, tal costume surgiu após a ocupação do litoral catarinense pelos açorianos, imigrantes provenientes dos Açores, conjunto de ilhas próximas a Portugal.

Nessas áreas, durante do século XVIII, a população aumentou muito e, como não havia mais terras para o cultivo de alimentos, o governo português estimulou a vinda de famílias para o Brasil (Pacievitch, 2014).

Junto aos açorianos, vieram costumes e tradições. Um deles é a cruel farra do boi, na qual o animal faz o papel de Judas, sendo muito maltratado por causa disso. O sofrimento do boi começa dias antes da festa, quando ele é preso e deixa de ser alimentado. Após ficar alguns dias sem comer, são disponibilizadas água e comida próximas ao animal, mas longe o suficiente para que não consiga alcançá-las. Esses atos têm por objetivo aumentar seu desespero.

No dia da festa, o boi é solto e perseguido por vários homens, mulheres e até crianças, com pedaços de pau, facas, pedras e outras armas usadas para agredi-lo e machucá-lo (Dias, 2010:206).

Durante a farra, também é comum cortar o rabo do boi, quebrar suas patas e chifres, jogar pimenta em seus olhos, queimá-lo com óleo quente ou encharcá-lo com combustível e atear fogo.

Depois que o animal fica exaurido e machucado, sem condições de continuar "brincando", ele é morto e sua carne é dividida entre os participantes. Há ocasiões em que o animal, desesperado, joga-se ao mar e morre afogado.

Sofrimento fora da lei

A diversão consistia em ver o animal sofrer. Desde 1997, a farra do boi foi proibida em Santa Catarina, sendo considerada uma prática que submete animais à crueldade e, portanto, que desobedece a Constituição Federal. A Lei de Crimes Ambientais, de 1998, prevê pena de três meses a um ano para quem abusa, maltrata, fere ou mutila animais.

Apesar disso, a prática encontra defensores. Argumentam, entre outras coisas, que a farra do boi – assim como as vaquejadas, exibição de animais em circos, as brigas de galo e os rodeios – deve ser considerada uma manifestação cultural e, enquanto tal, garantida pela Constituição brasileira:

> Art. 215 - O Estado garantirá a todos o pleno exercício dos direitos culturais e acesso às fontes da cultura nacional, e apoiará e incentivará a valorização e a difusão das manifestações culturais.
>
> § 1º O Estado protegerá as manifestações das culturas populares indígenas e afro-brasileiras, e das de outros grupos participantes do processo civilizatório nacional.

Tem-se discutido acerca da proteção constitucional das manifestações culturais populares que se pautam em práticas que submetem os animais à crueldade. Se elas forem entendidas como manifestações da cultura popular, talvez seja possível sua manutenção ou revitalização.

Para Levai, no caso específico desses espetáculos públicos, o conflito constitucional de normas é apenas aparente. O autor sublinha: "Não existe hierarquia entre as normas constitucionais, cujos dispositivos devem conciliar desenvolvimento econômico, bem-estar humano e meio ambiente sadio". Complementado esse raciocínio, o pesquisador afirma:

> Se o artigo 215 § 1º resguarda as manifestações da cultura popular e o artigo 225 protege os animais da submissão à crueldade, evidente que o exercício de um espetáculo público não pode atentar contra seres vivos, mesmo porque o art. 170, VI da CF estabelece a defesa do ambiente como princípio geral da ordem econômica. (2003:216)

O Ministro Francisco Rezek, do Supremo Tribunal Federal (STF), assim se pronunciou em relação à farra do boi: "Não posso ver como juridicamente correta a ideia de que em prática dessa natureza a Constituição não é alvejada. Não há aqui uma manifestação cultural, com abusos avulsos: há uma prática abertamente violenta e cruel para com os animais, e a Constituição não deseja isso" (Recurso Especial nº 153531/SC).

Assim, o STF decidiu que: "A turma, por maioria, entendeu que a referida manifestação popular, ao submeter os animais à crueldade, ofende o inciso III da § 1 do art.225 da Constituição Federal".

Tomando como base tal jurisprudência, toda manifestação popular que submeta animais à crueldade desnecessária deve ser coibida. Com isso, não se pretende proibir as manifestações legitimamente culturais, mas evitar os abusos contra animais que têm sido vitimados a toda a sorte de brutalidades.

Por isso, Freitas, ao comentar o art. 32 da Lei de Crimes Ambientais, argumentou: "Por vezes, este tipo penal adquire maior complexidade. É o caso da chamada 'farra do boi', praticada em Santa Catarina pela população de origem açoriana. Argumenta-se que se está aí a defender o meio ambiente cultural". Tal perspectiva, no entanto, é contestável e justificaria outras práticas degradantes em relação aos animais: "Os rodeios e vaquejadas são outro exemplo. Movimentam interesses econômicos de vulto, mas frequentemente são praticados com crueldade contra animais. Tal prática deve ser fiscalizada e reprimida, quando necessário" (Freitas, 2006:109).

Apesar da proibição, em muitas cidades de Santa Catarina, a farra do boi continua sendo feita. Segundo a defensora de animais Edna Cardoso Dias, "Um autêntico conceito de cultura é unicamente aquilo que eleva o homem acima do instinto e o leva a viver em harmonia com a ética, rejeita do passado tudo que, atavicamente, o mantenha na brutalidade e na grosseria" (2010:214).

Além da farra do boi, ainda existem outros crimes contra animais. As touradas foram definitivamente banidas do território nacional há décadas. Contudo, a renovação dessa proibição não foi automática — ao contrário, sempre exigiu renovados esforços ao longo das gerações. Em 26 de maio de 1950, o jornal carioca *Correio da Manhã* publicou uma extensa reportagem sobre o reestabelecimento das touradas no Brasil. Em razão da Copa do Mundo, prevista para ocorrer naquele ano, no Rio de Janeiro, defendia-se a ideia em nome da diversificação de opções turísticas. Chegou-se mesmo a apresentar um projeto de lei no Congresso Nacional, de autoria do deputado Raul Pila, sustentando essa proposta.

A iniciativa não foi adiante devido à mobilização da Sociedade Brasileira de Proteção aos Animais, que havia sido fundada quase meio século antes, em 1907.

Galos de briga

As brigas de galo são outra forma de atividade violenta. Os espetáculos em que se promovem embates entre animais são bastante antigos. Há 2 mil anos, os romanos se divertiam vendo o enfrentamento de leões e tigres. Em certas sociedades da Ásia, peixes, ainda hoje, são colocados para brigar. Na Europa, houve épocas em que se colocavam ursos em disputa (Thomas, 2010:188). Nos Estados Unidos, apesar de proibidas, são promovidas brigas de cachorros, sendo algumas raças criadas com essa finalidade.

No Brasil, uma dessas tradições, bastante enraizada, é a briga de galos. Elas, paralelamente às touradas, passaram a ser consideradas cruéis desde o Decreto 14.529 de 1920, que regulava as casas de diversões públicas. Tal interdito foi reafirmado em 1934, por meio do Decreto Federal nº 24.645, referente à proteção aos animais. Eis o que afirma esse último texto legal: "Art.3º - Consideram-se maus-tratos: [...] XXIX: Realizar ou promover lutas entre animais da mesma espécie ou de espécies diferentes [...] ainda mesmo em lugar privado".

Tentava-se pôr fim ao costume de ver animais lutando até a morte. Não é difícil entender por que essa prática é condenável. O galo inicia a sua vida de briga quando tem cerca de um ano de idade. Antes de começar a brigar, ele tem cortadas as penas de seu pescoço, coxas e parte das asas. Além disso, tem suas barbelas e pálpebras operadas. Para torná-lo mais resistente ao sofrimento, passa por um intenso treinamento: é jogado no chão para fortalecer a musculatura das pernas e deixado sob o sol quente. Como se não bastasse, após os treinos, o galo é colocado numa gaiola pequena, onde mal pode se movimentar (Dias, 2010:194-197).

Nas rinhas, dois proprietários de galo colocam seus animais para brigar numa arena. Ao longo dos séculos, foram, inclusive, criadas raças de galos combatentes, com pouco peso, mas forte musculatura e grande resistência física, podendo resistir até 20 minutos de luta.

Geralmente, os galos são armados com esporas metálicas nos pés e bico de prata (este é usado porque machuca mais o adversário). Eventualmente também se enfia pimenta no bico para torná-los ainda mais agressivos.

As brigas entre aves, quase sempre, são acompanhadas por apostas em dinheiro. O galo que permanece vivo, ou pelo menos não desmaia em razão das feridas, é considerado o vencedor, e os apostadores recebem como vitoriosos.

Depois da briga, muitos animais são abandonados por estarem gravemente feridos, e o dono não quer gastar com seu tratamento. Embora seja proibida no Brasil, a rinha de galos ainda ocorre de forma clandestina.

Hoje, a Lei Maior do Brasil – a Constituição – proíbe qualquer prática que submeta os animais à crueldade. A lei de crimes ambientais condena quem "praticar ato de abuso, maus-tratos, ferir ou mutilar animais silvestres, domésticos ou domesticados, nativos ou exóticos".

Por outro lado, o não cumprimento da legislação tem levado à intensificação das propostas de punição. O Código Penal (CP), Projeto de Lei nº 236/12, em tramitação no Senado Federal, prevê até 12 anos de prisão para quem promover brigas de galo.

Para concluir esse tópico, vale citar as palavras do filósofo Tom Regan, autor do livro *Jaulas vazias:* "Não há 'esporte' na caça, no rodeio, na corrida de galgos, ou qualquer outra atividade comparável a estas". Nessa situação, o que "existe é a dominação humana, exploração humana, ganância humana, crueldade humana. Numa vida com lugar para o respeito aos direitos dos animais não pode haver espaço para estas barbaridades" (Regan, 2006:195).

Trata-se de uma questão de tempo, acreditam os defensores dos direitos dos animais, até a sensibilidade coletiva evoluir, e todos esses "esportes" serem proibidos. Como observou Albert Schweitzer, "chegará o dia em que a opinião pública não vai mais tolerar diversões baseadas em maus-tratos e na morte de animais". Os defensores dos direitos dos animais acreditam profundamente nisso. Mas também guardam expectativas em relação a outras palavras de Schweitzer: "Chegará o dia. Mas quando?" (apud Regan, 2006:195).

Capítulo 8

Experimentos científicos com animais

Um dos temas mais polêmicos em termos da opinião pública contemporânea no que concerne aos animais é o relativo aos experimentos científicos com bichos. Tal uso tem raízes em uma longa história e, mais recentemente, tem sido alvo de uma extensa e complexa legislação.

Bichos do museu

Nos séculos XV e XVI, a descoberta de novos continentes estimulou a curiosidade de europeus quanto aos animais aí existentes. Isso ocorreu particularmente entre aristocratas e reis. Aos poucos, esses segmentos constituíram o que ficou conhecido como "gabinetes de curiosidades". Neles, reuniam-se os mais variados tipos de objetos considerados exóticos, provenientes de continentes distantes da Europa: vestimentas, conchas, instrumentos de trabalho.

Em alguns casos, os gabinetes também começaram a reunir coleções de animais taxidermizados (empalhados). A partir da Revolução Científica do século XVII – inicialmente voltada à física e à matemática e, em seguida, desdobrando-se em direção à biologia e à química –, essas coleções adquiriram uma súbita importância: tornaram-se objetos de observação e experimentação (Ballé, 2011:170).

Os antigos gabinetes acabaram se transformando em museus. Portugal não fugiu dessa evolução e, em consequência, o Brasil também. Em 1768, Lisboa instituiu o Real Museu de História Natural e Jardim Botânico. Tal iniciativa, para além de sua importância científica, visava enfrentar o desafio do declínio econômico do reino, situação agravada pela queda na produção de ouro na capitania de Minas Gerais. De acordo com determinações régias, os funcionários coloniais deveriam ser treinados pela nova instituição. Cabia aos agentes metropolitanos esquadrinhar as possessões ultramarinas em busca de riquezas, identificando novas espécies vegetais, animais e minerais, que resgatariam Portugal do marasmo econômico em que se encontrava (Raminelli, 2008:84).

A ciência, dessa maneira, transformou-se em um elemento importante da política colonial portuguesa. Começaram a ser organizadas viagens, como a comandada pelo naturalista Alexandre Rodrigues Ferreira, que, entre 1783 e 1792, percorreu vastos territórios de Mato Grosso e da Amazônia. As câmaras das vilas coloniais foram incumbidas de efetuar inventários detalhados da história natural das áreas sob sua jurisdição, enviando espécies vegetais, sementes e animais (vivos ou mortos) para a capital do Império (Raminelli, 2008:84).

O Rio de Janeiro, então capital colonial, instituiu, no ano de 1769, a Casa dos Pássaros, que se tornou embrião do Museu Nacional, estabelecido em 1818.

Era o início de um tipo de instituição científica que foi se generalizando no Brasil, muitas vezes, associada a jardins zoológicos ou a instituições de ensino. De 1818 aos dias atuais, surgiram no país cerca de 200 instituições científicas voltadas à formação de coleções de animais para fins museais. Para se ter ideia das dimensões desses acervos, basta mencionar o Museu de Zoologia da Universidade de São Paulo, cujas coleções zoológicas contam atualmente com cerca de 8 milhões de animais e insetos, conservados em meio líquido ou a seco (Centros, 2009:146).

Tal situação gerou a necessidade de regulamentar a caça científica, num contexto de crescente proteção legislativa à fauna silvestre.

As leis de proteção à fauna brasileira, quando comparadas às dos países europeus, são relativamente tardias. Na Inglaterra, por exemplo, as primeiras leis protegendo animais selvagens datam de 1900 (Ferry & Germé, 1994:489).

No Brasil, foi somente a partir do Decreto nº 23.672, de 2 de janeiro de 1934, referente ao Código de Caça e Pesca, que se regulamentou o abate de animais para fins científicos. Previu-se, a partir de então, a emissão de licenças de caça para tal finalidade. A atividade devia ser autorizada pelo diretor do Serviço de Caça e Pesca do Ministério da Agricultura. Para tanto, enviava-se "requisição por parte do departamento governamental ou instituição científica brasileira a que pertencerem os cientistas"; nesse documento detalhava-se: "a) a natureza dos estudos que deverão proceder; b) o tempo provável de duração da licença".

Em relação aos pesquisadores provenientes de outros países, previa-se: "As licenças para cientistas estrangeiros somente poderão ser concedidas mediante solicitação dos governos ou instituições estrangeiras, feitas por intermédio do Ministério das Relações Exteriores".

Em 1939, uma regulamentação complementar sublinha: "A licença observará as normas que, para cada caso particular, houverem estabelecido, detalhadamente, os museus oficiais do Brasil". Por essa época, surgiram outros desdobramentos legislativos. Isso ocorreu, por exemplo, quando da criação dos parques nacionais. Em 1937, foi criado o primeiro deles: o Parque Nacional de Itatiaia. O decreto que o instituiu determinava que essa reserva biológica deveria "ficar perpetuamente conservada no seu aspecto primitivo", abrindo exceções para atividades científicas.

As convenções internacionais também geraram dispositivos legais de proibição da caça, mas sempre admitindo eventual presença de cientistas, capturando animais para museus ou instituições universitárias e de pesquisa.

O Brasil assinou algumas dessas convenções internacionais. O Decreto Legislativo nº 3, de 1948, aprovou a "Convenção para a proteção da Flora, da Fauna e das Belezas Cênicas Naturais dos Países da América". O texto desse documento avança o conceito de "monumentos nacionais", detalhando:

As regiões, os objetos, ou as espécies vivas de animais ou plantas, de interesse estético ou valor histórico ou científico, aos quais é dada proteção absoluta, como fim de conservar um objeto específico ou uma espécie determinada de flora ou fauna, declarando uma região, um objeto, ou uma espécie isolada, **monumento natural inviolável, exceto para a realização** de investigações científicas devidamente autorizadas, ou inspeções oficiais (grifo nosso).

Nos santuários ambientais, abria-se exceção para investigações científicas. O mesmo é observado na legislação subsequente. O Decreto nº 58.054, de 23 de março de 1966, promulgou a "Convenção para a proteção da flora, fauna e das belezas cênicas dos países da América". No texto do decreto, lê-se:

As espécies aí incluídas serão protegidas tanto quanto possível e **somente as autoridades competentes do país poderão autorizar a caça, matança, captura ou coleção de exemplares de tais espécies. A permissão para isso será concedida somente em circunstâncias especiais quando necessária para a realização de estudos científicos** ou quando indispensável na administração da região em que se encontra tal planta ou animal (grifo nosso).

Em 1975, outro acordo internacional regulou a questão: a "Convenção sobre o Comércio Internacional das Espécies da Flora e Fauna Selvagens em Perigo de Extinção", firmada em Washington. A legislação seguinte reiterou essa tradição. O Decreto nº 84.017, de 21 de setembro de 1979 – ainda não expressamente revogado –, tratou do Regulamento dos Parques Nacionais Brasileiros. Nele consta que "a coleta ou apanha de espécimes animais só será permitida para fins estritamente científicos, de acordo com projeto a ser aprovado pela Presidência do Instituto Brasileiro de Desenvolvimento Florestal". Orientação não muito diferente lê-se na Lei nº 9.985, de 18 de julho de 2000, que instituiu o Sistema Nacional de Unidades de Conservação da Natureza: "Art. 54. O Ibama, excepcionalmente, pode permitir a captura de exemplares de espécies ameaçadas de extinção destinadas a programas de criação em cativeiro ou formação de coleções científicas, de acordo com o disposto nesta Lei".

Portanto, do ponto de vista da legislação federal, a captura de animais da fauna silvestre, para fins científicos, é autorizada no Brasil.

Um breve histórico do uso de animais na medicina

Um dos livros mais importantes da história da ciência foi publicado em 1865. Tratava-se do *Introduction à l'étude de la médecine expérimentale*. Nele, Claude Bernard apresentou as bases da medicina contemporânea, em ruptura com as concepções oriundas da tradição clássica (Ferry & Germé, 1994:425).

O conceito-chave desse livro consistia em fundar o ensino e a pesquisa da medicina na vivissecção, ou seja, em experiências utilizando animais. Tal prática há muito era utilizada no mundo ocidental. A diferença, a partir daquele momento, é que ela passava a ser a base pedagógica e de pesquisa científica dos cursos de medicina: o aprendizado dos cirurgiões ou da medicina legal passou a depender dessas experiências.

Não é difícil imaginar o impacto entre determinados tipos de animais, como os cães, regularmente utilizados em aulas práticas.

No Brasil, isso se tornou mais intenso à medida que novas instituições de ensino médico foram criadas. Em 1808, foi estabelecida a Escola de Cirurgia da Bahia. Um ano mais tarde, inaugurou-se a Escola Anatômica, Cirúrgica e Médica do Rio de Janeiro. Dessa data até o presente, surgiram cerca de 180 instituições educacionais de nível superior de medicina.

Lendo os periódicos científicos da época da área, constata-se que o debate a respeito do uso de animais começou a ser registrado pouco após a publicação do livro de Claude Bernard (Edler, 1996:284). Evidência dessa adesão foi a tese defendida em 1870, na Faculdade de Medicina do Rio de Janeiro, intitulada *Medicação anesthesica*, de autoria de Leopoldo Alberto de Magalhães Couto. Nela, o autor defendeu experiências anestésicas de clorofórmio em animais.

A legislação brasileira, também precocemente, começou a fazer referência ao uso de animais no ensino médico. Em 1884, o Decreto nº 9.311, que deu "novos Estatutos às Faculdades de Medicina", previu provas nas quais os alunos deveriam fazer "um relatório sobre um exame médico-legal feito no necrotério e sobre um caso de envenenamento praticado em animal do biotério da Faculdade".

Pelo mundo afora, movimentos antivivisseccionistas não tardaram a aparecer. Eles tiveram um importante papel ao defender o uso da anestesia durante as experimentações cirúrgicas. A *Victoria Street Society*, de Londres, foi a primeira sociedade antiviviseccionista criada. Em seguida, surgiram outras, como a Liga Alemã contra a Tortura Animal (1879) e a *Société Française contre le Vivisection* (1882), que continuam atuantes (Rivera, 2001:9-14).

Os cursos de medicina veterinária

Paralelamente às faculdades de medicina, o ensino superior de veterinária também começou a se organizar. Esse ramo do conhecimento surgiu na França da segunda metade do século XVIII. A Inglaterra foi um país que precocemente estruturou escolas superiores semelhantes às francesas, como o *Royal Veterinary College*, de 1791.

Nos dois países, a preocupação principal era com a conservação da saúde de cavalos. Já em Portugal, havia coudelarias (haras) para o aprimoramento de raças equinas. Nelas atuavam os "alveitares", denominação da época para veterinários práticos (Melo, 2010:107).

No século XIX, essa tradição foi transferida para o Brasil. Em 1818, foi criado o primeiro curso de alveitaria no Rio de Janeiro. Iniciativas semelhantes a essa são registradas em outras localidades, sendo, em alguns casos, apoiadas pelas câmaras municipais. Também surgem livros da área, divulgando os conhecimentos e ampliando a bibliografia em língua portuguesa. Esse movimento teve início com a tradução da obra do italiano Francesco Toggia, *História, e cura das enfermidades mais usuais do boi, e do cavalo*, 1802 (Santos Filho, 1977:344).

Em 1883, em Pelotas (RS), foi criada a primeira faculdade brasileira de medicina veterinária: Imperial Escola de Medicina e Agricultura Prática. Na primeira metade do século XX, Pernambuco, Rio de Janeiro, São Paulo, Minas Gerais e vários outros estados brasileiros estabeleceram instituições similares. Em razão das necessidades da cavalaria, também foi instituído, no ano de 1913, o primeiro Curso Prático de Veterinária no Exército Brasileiro. O Decreto nº 6.067, de 2 de agosto de 1940, revela que esse curso criou raízes e passou a ser denominado "Escola Veterinária do Exército".

Tanto nas faculdades de medicina, quanto nas de medicina veterinária – assim como nas de farmácia, biologia e psicologia – surgiu a questão do uso de animais em aulas e em experiências científicas. O último decreto destacado faz referência a "um biotério para a criação de animais de laboratório indispensáveis ao estudo da medicina experimental".

Contudo, a legislação regulando os limites desse uso demorou a ser sancionada (Marques, 2005:263). O primeiro marco regulatório frente à questão data de 8 de maio de 1979, quando a Lei nº 6.638 estabeleceu "normas para a prática didático-científica da vivissecção de animais". No texto dessa determinação, percebe-se a preocupação com o sofrimento causado ao animal, assim como a necessidade de se restringir a prática:

> Art. 3º A vivissecção **não será** permitida:
> I - **sem o emprego de anestesia**; (grifo nosso)
> II - em centro de pesquisas e estudos não registrados em órgão competente;
> III - sem a supervisão de técnico especializado;
> IV - com animais que não tenham permanecido mais de quinze dias em biotérios legalmente autorizados;
> V - em estabelecimentos de ensino de primeiro e segundo graus e em quaisquer locais frequentados por menores de idade (Lei nº 6.638/79).

Nas últimas três décadas, a legislação tornou-se bem mais completa e sofisticada.

Hoje, o uso de animais em experiências é regulado tanto pela Constituição Federal (Art. 225 § 1º inciso V II) como por leis infraconstitucionais.

Eis o que Constituição Federal de 1988 determina:

Art. 225. Todos têm direito ao meio ambiente ecologicamente equilibrado, bem de uso comum do povo e essencial à sadia qualidade de vida, impondo-se ao Poder Público e à coletividade o dever de defendê-lo e preservá-lo para as presentes e futuras gerações.

§ 1º - Para assegurar a efetividade desse direito, incumbe ao Poder Público:

VII - **proteger a fauna e a flora, vedadas, na forma da lei, as práticas que coloquem em risco sua função ecológica, provoquem a extinção de espécies ou submetam os animais a crueldade** (grifo nosso).

Outra norma importante é a Lei nº 9.605/98, mais conhecida como Lei de Crimes Ambientais:

Art. 32. Praticar ato de abuso, maus-tratos, ferir ou mutilar animais silvestres, domésticos ou domesticados, nativos ou exóticos:

Pena - detenção, de três meses a um ano, e multa.

§ 1º **Incorre nas mesmas penas quem realiza experiência dolorosa ou cruel em animal vivo, ainda que para fins didáticos ou científicos, quando existirem recursos alternativos** (grifo nosso).

§ 2º A pena é aumentada de um sexto a um terço, se ocorre morte do animal.

Ademais, é importante citar que, além da legislação nacional, há acordos internacionais de grande impacto tratando sobre o tema, como foi o caso da "Convenção Europeia para a Protecção dos Animais Vertebrados Utilizados para Fins Experimentais e Outros Fins Científicos", datada de 1986 (Marques, 2005:265).

A Lei nº 11.794, de 8 de outubro de 2008, que regulamentou o supracitado dispositivo constitucional, determinou: "Art. 4º – Fica criado o Conselho Nacional de Controle de Experimentação Animal – CONCEA", estabelecendo "procedimentos para o uso científico de animais".

A bioética tornou-se, a partir de então, uma variável importante no mundo da ciência brasileira, cabendo, segundo a referida lei, o "credenciamento das instituições com atividades de ensino ou pesquisa com animais a constituição prévia de Comissões de Ética no Uso de Animais – CEUAs". Também se tornou obrigatório, segundo o Art. 15, que o "Concea, levando em conta a relação entre o nível de sofrimento para o animal e os resultados práticos que se esperam obter, poderá restringir ou proibir experimentos que importem em elevado grau de agressão". Mais ainda, o Art. 13 afirma:

§ 3º Sempre que possível, as práticas de ensino deverão ser fotografadas, filmadas ou gravadas, de forma a permitir sua reprodução para ilustração de práticas futuras, evitando-se a **repetição desnecessária de procedimentos didáticos com animais** (grifo nosso);

§ 4º O número de animais a serem utilizados para a execução de um projeto e o tempo de duração de cada experimento será o mínimo indispensável para produzir o resultado conclusivo, poupando- se, ao máximo, o animal de sofrimento;

§ 5º Experimentos que possam causar dor ou angústia desenvolver-se-ão sob sedação, analgesia ou anestesia adequadas;

[...]

§ 8º É vedada a reutilização do mesmo animal depois de alcançado o objetivo principal do projeto de pesquisa.

Em caso de descumprimento da lei, são previstas várias penalidades. Perspectiva semelhante orientou o Decreto nº 6.899, de 15 de julho de 2009, que "Dispõe sobre a composição do Conselho Nacional de Controle de Experimentação Animal – CONCEA" e "estabelece as normas para o seu funcionamento e de sua Secretaria-Executiva, cria o Cadastro das Instituições de Uso Científico de Animais – CIUCA."

Essa nova visão segue orientações internacionais de "*replacement*, *reduction* e *refinement*"; elaboradas pelos cientistas Russell e Burch, em 1959. Eles sintetizaram, nessas três palavras, o "Princípio Humanitário da Experimentação Animal", sendo denominado como Princípio dos 3Rs.

Uma estudiosa explica em que consistem estas palavras:

> *Replacement*, traduzido como alternativas, indica que devemos usar, sempre que possível, materiais sem sensibilidade, como cultura de tecidos, modelos em computador no lugar de animais vivos. Além disto, os mamíferos devem ser substituídos por animais com sistema nervoso menos desenvolvido.

Já *reduction* – ou redução – "diz respeito ao uso em menor número possível de animais em certos experimentos, apenas a quantidade necessária capaz de fornecer resultados estatísticos significativos".

Refinement – ou aprimoramento – "refere-se ao fato de que as pessoas só devem usar animais quando bem treinadas para tal, pois uma simples injeção pode causar muita dor se aplicada por pessoa inexperiente" (Rivera; 2001:11-14).

Em suma, trata-se da substituição tecnológica, quando possível, das experiências feitas com seres vivos; assim como redução, ao máximo, do sofrimento ou número de animais submetidos a experimentos. Nesse sentido, explicam Naves e Souza (2014):

Apenas no caso de não ser possível a substituição, deve-se buscar a redução deste uso e, caso tal não seja possível, deve-se adequar os procedimentos e métodos para que sejam minimizados ou abolidos o sofrimento e o desconforto dos animais.

Por causa dessas mudanças e da pressão da opinião pública, no Brasil e em vários outros países, a realização de experiências com animais tem sido abandonada ou restringida.

Os animais em laboratórios

As experiências com animais não ocorrem somente em instituições de ensino superior. Desde o século XIX, multiplicaram-se os laboratórios para produção de vacinas. Em 1885, Louis Pasteur conseguiu isolar o vírus da hidrofobia, popularmente conhecida como raiva. Esse experimento, por sinal, só foi possível graças à vivissecção em coelhos (Kotait, 2009:2).

A partir dessa época, começaram a ser criados vários institutos para a produção da vacina. No Brasil, o Instituto Pasteur de São Paulo foi fundado em 1903. Antes eram produzidas vacinas contra a varíola. Em 1900, foi instituído no Rio de Janeiro o Instituto Soroterápico Federal – atual Fundação Oswaldo Cruz – com essa finalidade.

Em razão disso, há uma sucessão de leis e decretos organizando o funcionamento das instituições: Decreto nº 1.802, de 12 de dezembro de 1907 – Cria o Instituto de Patologia

Experimental de Manguinhos; Lei nº 3.987, de 2 de janeiro de 1920 – Reorganiza os serviços da Saúde Pública; Decreto nº 20.043, de 27 de maio de 1931 – Aprova o regulamento do Departamento Nacional de Medicina Experimental. Para citar apenas alguns exemplos.

Nessa legislação, é mencionada a existência de biotérios, sujeitos à legislação mencionada no tópico anterior.

Situação um pouco diferente diz respeito ao uso de animais nos laboratórios industriais. O Decreto nº 7.622, de 21 de outubro de 1909, criou a Directoria de Industria Animal. Esse setor implantou laboratórios no Ministério da Agricultura, objetivando, entre outros fins, o "estudo das moléstias dos animais".

À medida que a industrialização avançou, as empresas farmacêuticas também começaram a utilizar animais em experiências, estimulando a elaboração de novos marcos regulatórios. Em de 14 de janeiro de 1946, o Decreto nº 20.397 aprovou o regulamento da indústria farmacêutica no Brasil. O texto dessa medida faz inúmeras referências a animais, mas, como seria de esperar, não há menção a seu bem-estar. Quase sempre, as referências do texto legal tratam das condições de higiene exigidas nos biotérios e da obrigatoriedade de se testar os medicamentos: "provas de atoxicidade nas doses a empregar, em animais de laboratórios".

Essa perspectiva, entretanto, foi alterada pela emergência do conceito de "animais úteis". A legislação que regulamentou a produção de inseticida e venenos é um exemplo disso. As normas legais previnem testes em animais nos laboratórios das empresas, com o objetivo de proteger a saúde coletiva. A forma de aplicação desses produtos também passou a ser controlada. De acordo Lei nº 6.360, de 23 de setembro de 1976 – ainda não expressamente revogada e que dispõe sobre a vigilância sanitária –, consiste em grave delito: "VIII - aplicar raticidas cuja ação se produza por gás ou vapor, em galerias, bueiros, porões, sótãos ou locais de possível comunicação com residências ou locais frequentados por seres humanos ou **animais úteis**" (grifo nosso).

As indústrias de cosméticos e de produtos de higiene também foram alvo de controle. Criou-se um paradoxo: para avaliar os impactos dos produtos dessas empresas sobre os animais, utilizam-se cobaias em laboratórios. O Decreto nº 6.041, de 8 de fevereiro de 2007, que institui a Política de Desenvolvimento da Biotecnologia, aponta para um desdobramento perverso dessa orientação. Nele é defendida uma política de estímulo à "criação de mecanismos de investimentos e incentivos fiscais para a estruturação de empresas de produção de animais de experimentação (ratos, camundongos, porcos, cães, primatas etc.)".

Na União Europeia, desde 2010, uma nova Diretiva (2010/63/UE) tem como meta substituir a experimentação animal por métodos alternativos, visando abolir o uso dos bichos em experiências (Regis, 2010). Ademais, os testes em animais para a indústria de cosméticos já não são aceitos nos países membros, sendo proibida até mesmo a venda e importação de produtos testados em animais (Deutsche Welle, 2013).

No Brasil, o uso de animais para testes em cosméticos e produtos de limpeza está sujeito à orientação legislativa, explicitada no tópico anterior. A Constituição Federal veda práticas que submetam os animais à crueldade, e a Lei nº 9.605/98 só admite o uso de animais quando não houver recursos alternativos.

Em âmbito estadual, foi sancionada recentemente em São Paulo uma lei que proíbe a utilização de animais para desenvolvimento, experimentos e testes de cosméticos, produtos de higiene pessoal, perfumes e seus componentes (Lei 15.316/14).

Há pouco, o debate sobre a utilização de animais em experimentos farmacêuticos foi acirrado. O jornal *Folha de São Paulo*, em 18 de outubro de 2013, noticiou a invasão do "Instituto Royal, no Jardim Cardoso, em São Roque (a 66 km de São Paulo), por volta das 2h desta sexta-feira". Tal ocorrência ficou conhecida como "o caso dos beagles". Após vários dias de vigília em frente ao instituto onde os animais viviam confinados para pesquisa, um grupo de ativistas, clamando pelo fim do uso de cães em experimentos, invadiu o estabelecimento e libertou os animais que lá estavam. Ao todo, foram libertados 178 cães da raça beagle.

Em meio a opiniões díspares sobre o ocorrido, bem como sobre a necessidade – ou não – de se realizarem testes em animais, restou uma certeza mencionada e reafirmada ao longo deste livro: os animais são seres vivos, sencientes; sentem dor, medo, angústia. Logo, devem ser respeitados.

Importa salientar que a Constituição Federal incumbiu ao Ministério Público o papel de guardião da natureza. Esse órgão é um importante aliado daqueles que defendem e clamam pelo bem-estar dos animais. Havendo dúvidas quanto à legalidade deste ou daquele procedimento envolvendo animais, sempre é possível solicitar que se investigue a ocorrência de crime ambiental, para que se tomem as providências legais cabíveis. Além disso, vale lembrar, tal como afirmou Peter Singer (2008:312): "Será que a ação direta é uma tática eficiente? Não se limitará a polarizar o debate e a fortalecer a oposição à reforma?".

Capítulo 9

A Arca de Noé de nossos dias

A Bíblia conta a história da Arca de Noé. Numa época muito antiga, há milhares de anos, Deus estava insatisfeito com o comportamento da humanidade. Então, como castigo, resolveu inundar a terra, lançando chuvas intermináveis, fazendo com que a água cobrisse todos os espaços e destruísse a maioria dos seres vivos, inclusive o homem.

No entanto, Deus viu que Noé era um homem bom e decidiu que ele sobreviveria. Determinou que Noé construísse um imenso barco – a arca – e que ele levasse a família. Além deles, Noé poderia levar na arca um casal de cada espécie de ser vivo então existente. Noé, sua família e os animais entraram na arca e lá permaneceram durante quarenta dias. A água das chuvas cobriu até mesmo as mais altas montanhas e todas as criaturas morreram; apenas Noé e aqueles que com ele estavam na arca permaneceram vivos. Noé com sua arca salvou os animais da extinção.

Esse é o mito bíblico do dilúvio. A história serve de comparação a nossa situação atual. Nos dias de hoje, o tráfico, o aprisionamento em gaiolas, os maus-tratos impingidos pelo homem e o descaso em relação aos outros seres vivos têm levado à extinção de espécies, representando uma catástrofe semelhante ao dilúvio bíblico.

No entanto, diariamente, um grande número de animais é salvo deste "dilúvio" por diversos órgãos e pessoas que atuam como uma Arca de Noé dos nossos dias.

Uns dos melhores exemplos são as ONGs, associações de defesa aos animais e os protetores independentes, que vêm exercendo um importante trabalho na defesa de animais. Sua existência tem se tornado tão comum que, na maioria das cidades, os animais podem contar com a ajuda desses "Noés" e de suas "arcas".

Até bem pouco tempo, recolher animais das ruas ou simplesmente alimentá-los soava como algo absurdo ou perda de tempo. Com o aumento do número de protetores, a causa animal ganhou destaque no dia a dia das cidades e, até mesmo, na imprensa. Isso é de grande relevância se levarmos em conta o fato de que as gerações vindouras crescerão num ambiente em que a ideia de proteção está mais naturalizada. A grande mudança na forma como o homem se comporta em relação a outras espécies passa necessariamente por aquilo que os pequenos cidadãos vivenciam, bem como pela educação ecológica que é propiciada.

Além do terceiro setor (ONGs e associações de proteção aos animais), a própria Constituição Federal indica quem deverá atuar em defesa dos animais. Saber disso facilita a conduta daqueles que presenciarem cenas de maus-tratos ou crueldade.

A Lei Maior do Brasil (art. 225) impõe ao Poder Público e à coletividade o dever de defender o meio ambiente para as presentes e futuras gerações, bem como incumbe a esse mesmo poder proteger a fauna e a flora, esclarecendo que são vedadas quaisquer práticas que coloquem em risco sua função ecológica, provoquem extinção das espécies ou submetam os animais à crueldade.

Esse mesmo texto constitucional atribui ao Ministério Público o papel de guardião da natureza e, consequentemente, da fauna. Importa salientar que, para exercer o importante papel, foi dado ao Ministério Público dois imprescindíveis instrumentos: o Inquérito Civil e a Ação Civil Pública (Art. 129 III).

O artigo 2° § 3° do Decreto Federal 24.645/34 confere ao Ministério Público a função de representar os animais em juízo (Levai, 2005:471) e, em se tratando de crimes contra a fauna (previstos no art. 32 da Lei 9.605/98), compete a ele – privativamente – promover a Ação Penal (art. 129 I CF88).

Hoje, o Poder Público, o Ministério Público e a coletividade, seja com a conduta isolada de cada cidadão protetor, seja com a atuação das associações de proteção aos animais, atuam como uma "Arca de Noé", protegendo os animais contra as agressões humanas, bem como contra a extinção das espécies.

Esta atuação se dá com a criação de leis protetivas e da sua execução, organização de eventos e campanhas com fins educativos, repressão ao tráfico e aos maus-tratos, noticiamento e investigação de crimes contra a fauna, cuidados dispensados aos animais pelas associações, feiras de adoção, entre outras condutas.

Nesse cenário, cada cidadão pode ser hoje um Noé em potencial, atuando de forma isolada ou em associações, cobrando do Poder Público o cumprimento dos mandamentos constitucionais que protegem a fauna, noticiando crimes ao Ministério Público, ou simplesmente contribuindo com o respeito a outras formas de vida.

Associações protetoras dos animais

Além do Ministério Público, a quem a Constituição Federal atribuiu o papel de guardião da natureza, várias organizações trabalham na proteção aos animais, para que eles não morram devido aos maus-tratos e abandono.

Essas associações surgiram há muito tempo. Hoje elas são tantas que é impossível fazer uma lista completa. Em poucos minutos, qualquer lista ficaria desatualizada em razão de alguém, em algum lugar do mundo, estar criando no exato momento uma entidade em defesa dos animais.

Muitos conhecem os grandes grupos internacionais protetores dos animais, como o *Greenpeace* ou a *World Society for the Protection of Animals* (WSAP), ambos com representações no Brasil. Poucos, porém, percebem que, na cidade em que moram, há numerosas associações semelhantes a essas, esperando por colaboradores.

Essas ONGs são definidas por Milaré e Loures (2004) como: "entidades sem fins lucrativos que, nas estruturas sociais modernas, integram o chamado terceiro setor, ao lado do Estado (primeiro setor) e do mercado (segundo setor)". Elas desempenham "papel da maior relevância na tutela do ambiente ecologicamente equilibrado, nos planos local, regional, nacional e global". Afirma-se ainda que "são vastíssimas e bastante promissoras as possibilidades de sua atuação, em cará-

A proteção jurídica aos animais no Brasil 117

ter complementar ao Estado (jamais substitutivo), naqueles campos mais sensíveis onde os braços do Poder Público não conseguem alcançar ou o fazem de forma deficitária, tardia ou simplesmente insuficiente".

As associações de proteção aos animais são um exemplo de campo de atuação do terceiro setor, como forma complementar ao Estado.

Nelas, assim como com os protetores independentes e no Ministério Público, os animais encontram a "voz" que precisam para a garantia, se não de seus direitos, de alguma forma de bem-estar e de respeito enquanto seres vivos.

Algumas associações de proteção aos animais

Alagoas
Núcleo de Educação Ambiental Francisco de Assis – http://neafa.org.br/
Missão: "incentivar a guarda responsável e o bem-estar dos animais, inclusive com orientação quanto à vermifugação, vacinação e esterilização como meio de controle efetivo das zoonoses. Diminuição do abandono de animais e aumento do número de resgates de animais de rua pela população, que fica responsável pela guarda do bichinho até sua recuperação, esterilização e doação".

Amazonas
Associação Amigos do Peixe Boi – http://www.amigos-dopeixe-boi.org.br/
Missão: "promover atividades de proteção, conservação, pesquisa e manejo dos mamíferos aquáticos da Amazônia".

Bahia
União de Proteção Animal de Salvador – http://www.upas.org.br/
Missão: "promoção do bem-estar animal, através da conscientização da posse responsável, promoção de castração e vacinação de cães e gatos. A Upas orienta em casos de maus-tratos e abandono, indicando os procedimentos assistenciais necessários à recuperação do animal".

Ceará
União Protetora de Animais Carentes – http://upacfortaleza.wordpress.com/
Missão: "estimular o amor e respeito à vida, controle de natalidade de animais, a adoção de animais carentes, o equilíbrio ambiental e combater o abandono de animais".

Distrito Federal
Associação Protetora dos Animais do Distrito Federal – http://www.proanima.org.br/
Missão: "conscientização para o respeito aos animais e o avanço da legislação de proteção aos animais e sua aplicação".

Espírito Santo
Associação Amigos dos Animais do Espírito Santo – http://www.amaes.org.br/pg/24176/quem-somos/
Missão: "contribuir para a harmonia entre homens e animais valorizando todas as formas de vida do planeta, incluindo de forma incontestável o meio ambiente em todos seus aspectos".

Mato Grosso
Rondonopolitana de Proteção aos Animais Abandonados – http://www.arpaa.com.br/
Missão: "conscientizar a população com relação à propriedade responsável de animais domésticos".

Mato Grosso do Sul
Sociedade de Proteção e Bem-Estar Animal Abrigo dos Bichos – http://www.abrigodosbichos.com.br/
Missão: "Divulgar e promover campanhas educativas junto à comunidade, frisando o respeito e amor aos animais, suas consequências éticas e morais para os povos e ainda a função terapêutica de animais de estimação, principalmente para crianças, idosos, deprimidos com baixa autoestima, autistas".

Minas Gerais
Instituto Vida Animal – http://www.institutovidaanimal.com.br/portal/
Missão: "defende os direitos dos animais e luta para acabar com os maus-tratos e abandonos de animais em ruas".

Paraná
ONG do cão – http://www.ongdocao.org.br/
Missão: "promover a adoção de cães abandonados".

Pernambuco
SOS Quatro Patas e Cia – http://sos4patas.org.br/
Missão: "atendimento médico-veterinário preferencial a animais de rua e aqueles pertencentes a famílias de baixa renda, e capacitação de educadores ambientais da rede munici-

pal, enfocando a guarda responsável de animais de estimação, zoonoses e bem-estar animal".

Rio de Janeiro
Defensores dos Animais –
http://www.defensoresdosanimais.org.br/
Missão: "promover e defender os direitos dos animais".

Rio Grande do Norte
Amimais – http://www.amimais.org.br/_
Missão: "promover a educação ambiental e a conscientização para a preservação do meio ambiente e a posse responsável de animais; promover a saúde pública através de campanhas permanentes e preventivas de controle de zoonoses no meio ambiente urbano; e promover o bem-estar do homem e demais espécimes animais em sua convivência".

Rio Grande do Sul
Gatos & Amigos – http://www.gatoseamigos.org/
Missão: "estimular a guarda responsável; incentivar a adoção de animais sem raça definida, filhotes, adultos e animais portadores de necessidades especiais; realizar campanhas educativas para promoção do bem-estar animal; promover esterilizações a baixo custo para o controle populacional de cães e gatos; colaborar na elaboração de planos e sugestões de políticas públicas".

Santa Catarina
Associação Protetora de Animais de Blumenau –
http://www.aprablu.com.br/home/

Missão: promover "atividades que visam ao bem-estar e à proteção dos direitos dos animais".

São Paulo
ARCA Brasil – Associação Humanitária de Proteção e Bem-Estar Animal –
http://www.arcabrasil.org.br/historico.php
"Seu programa 'Controle Ético das Populações de Cães e Gatos' é modelo nacional, reconhecido pela Organização Pan-Americana da Saúde (Opas) e modelo para todo o país – incluindo a cidade de São Paulo –, salvando centenas de milhares de vidas".

A lista acima está longe de ser completa. Por meio de redes sociais, como o Facebook, têm surgido diariamente novos agrupamentos em defesa dos animais. Entre 2011 e 2012, esses ativistas conseguiram reunir cerca de 100 mil manifestantes em 200 cidades brasileiras, também com repercussões e mobilizações internacionais, em torno da defesa do manifesto "Crueldade nunca mais", exigindo punições mais severas contra os que cometem atos de crueldade contra animais (Gonçalves, 2013:61-62).

Conclusão

Ao longo da história, o homem se relacionou com outras espécies de vida, coabitantes deste planeta. A forma como essa relação se estabeleceu foi mudando conforme a evolução do ser humano e sua consciência: de si e do outro.

Da empatia, nasceu o respeito.

Da consciência, a responsabilidade.

Conforme apresentamos ao longo das páginas deste livro, a proteção jurídica aos animais é uma dimensão importante da cidadania socioambiental. No Brasil, esse movimento social tem raízes históricas antigas, sendo registradas até mesmo no século XIX, no que diz respeito aos animais domésticos.

No século XX, o ativismo expandiu-se em direção à proteção da fauna silvestre. O Brasil concedeu status constitucional à proteção do meio ambiente, nele englobadas a fauna e a flora. Além disso, é rica a legislação infraconstitucional protetiva dos animais. Ao Ministério Público foi atribuído o papel de guardião da natureza, assim como à coletividade e ao Poder Público o dever de protegê-la e preservá-la.

O objetivo deste livro foi apresentar esse universo, de forma clara e objetiva, contextualizando historicamente. Com a iniciativa, que esperamos ser multiplicada em outros livros, procuramos abrir caminho para a valorização da cidadania socioambiental pela via democrática de respeito às instituições.

Manifestar-se coletivamente e pacificamente nos espaços públicos, promover iniciativas para que a legislação seja cumprida, e, principalmente, engajar-se em campanhas de sensibilização e socioeducativas é a forma de inscrever o movimento pelo bem-estar dos animais na agenda política de nosso tempo.

Se essas iniciativas forem bem-sucedidas, os animais, com certeza, serão protegidos.

Sugestões de leitura

DIAS, Edna Cardoso. *A tutela jurídica dos animais*. Belo Horizonte: Mandamentos, 2000.

Um dos primeiros escritos sobre direitos dos animais no Brasil. A autora é advogada e militante. Ela defende os animais como sujeitos de direitos e traça um panorama sobre a evolução legislativa da proteção no Brasil. Analisa a forma como os animais foram entendidos pelo homem ao longo da história, bem como apresenta as formas mais usuais de sua exploração. Trata-se uma obra de incontável valor para todos aqueles que pretendem adentrar na temática dos Direitos dos Animais.

REGAN, Tom. *Jaulas vazias*. Porto Alegre: Lugano, 2006.

Apontando a ideia de que os animais são "sujeitos-de-uma--vida" e que, apenas por isso, já deveriam ser tratados com maior consideração, o autor aborda a temática do direito dos animais e oferece argumentos racionais que embasam a aversão ao uso indiscriminado destes como roupas, comida, artistas, competidores e instrumentos.

THOMAS, Keith. *O homem e o mundo natural*. São Paulo: Companhia das Letras, 2010.

O autor analisa a estreita e conturbada relação entre o homem e a natureza, nela compreendidas a fauna e a flora, ao longo de três séculos. Esta obra é de fundamental importância para se entender a evolução histórica da forma como o homem tratou os animais.

SINGER, Peter. *Libertação animal*. São Paulo: Martins Fontes, 2010.

Obra clássica abrangente e com rica argumentação sobre o movimento pelos direitos dos animais. Leitura indispensável para todo aquele que se interesse pela temática da proteção animal.

Referências

AMADO, Frederico Augusto di Trindade. *Direito ambiental esquematizado*. Rio de Janeiro: Forense; São Paulo: Método, 2011.

ANDA. Site da Agência de Notícias de Direitos Animais. Disponível em: http://www. anda.jor.br. Acesso em: 4 jan. 2014.

ARAÚJO, Marlise Mônica; FRANÇA, Rodrigo de. A busca da excitação no maior espetáculo da Terra. Disponível em: http://www.uel.br/grupo estudo/processoscivilizadores/portugues/sitesanais/anais9/artigos/workshop/art12.pdf. Acesso em: 1 jul. 2014.

ARQUIVO Ernani da Silva Bruno. Disponível em: http://www.mcb.org.br/ernMain.asp. Acesso em: 17 ago. 2013.

BALLÉ, Catherine. Ciências e técnicas: uma tradição museal? In: BORGES, Maria Eliza Linhares (org.). *Inovações, coleções, museus*. Belo Horizonte: Autêntica, 2011. p. 167-180.

BARLÉU, Gaspar. *História dos feitos recentemente praticados durante oito anos no Brasil (1647)*. São Paulo: Edusp, 1974.

BELO HORIZONTE. Lei 10.119, de 24 de fevereiro de 2011. Dispõe sobre a circulação de veículos de tração animal e de animal, montado ou não, em via pública do município e dá outras providências. Disponível em: https://www.leismunicipais.com.br/a/mg/b/belo-horizonte/lei-ordinaria/2011/1011/10119/lei-ordinaria-n-10119-2011-dispoe-sobre--a-circulacao-de-veiculo-de-tracao-animal-e-de-animal-montado-ou-

-nao-em-via-publica-do-municipio-e-da-outras-providencias.html. Acesso em: 26 de jun. 2014.

BENTES, Hilda Helena Soares. Prometeu liberto: nova ética para o homem da técnica segundo Hans Jonas. *Revista Veredas do Direito*, v. 9 (18), 2012. p. 169-187.

BÍBLIA Sagrada. Petrópolis: Vozes, 2012.

BIBLIOTECA VIRTUAL DO GOVERNO DO ESTADO DE SÃO PAULO. Como o circo surgiu? A história de um universo mágico. Disponível em: http://www.bv.sp.gov.br/biblioteca.virtual@sp.gov.br/especial/docs/200803.historiadocirco.pdf Acesso em: 25 jun. 2014.

BRADSHAW, John. *Cão senso*. Rio de Janeiro: Record, 2012.

BRASIL. Constituição (1988). Constituição da República Federativa do Brasil. Disponível em: http://www.planalto.gov.br/ccivil_03/Constituicao/Constituicao.htm. Acesso em: 26 jun. 2014.

BRASIL. Legislação. Congresso Nacional. Disponível em: http://www2.camara.leg.br/ Acesso em: 17 ago. 2013.

BRASIL. Decreto nº 26.645, 10 de julho de 1934. Estabelece medidas de proteção aos animais. Brasília: Planalto, 1934. Disponível em: www.planalto.gov.br/ccivil_03/decreto/1930-1949/D24645.htm. Acesso em: 06 mai. 2014.

BRASIL. Decreto-Lei nº 3.688, 3 de outubro de 1941. Estabelece a Lei de Contravenções Penais. Brasília: Planalto, 1941. Disponível em: www.planalto.gov.br/ccivil_03/decreto-lei/del3688.htm. Acesso em: 06 mai.2014.

BRASIL. Decreto nº 16.590, de 16 de novembro de 1924. Aprova o regulamento das casas de diversões públicas. Disponível em: http://www2.camara.leg.br/legin/fed/decret/1920-1929/decreto-16590-10-setembro-1924-509350-norma-pe.html. Acesso em: 26 jun. 2014.

BRASIL, Lei 11.794 de 08 de outubro de 2008. Regulamenta o inciso VII do § 1º do art. 225 da Constituição Federal, estabelecendo procedimentos para o uso científico de animais; revoga a Lei 6638, de 08 de maio de 1979; e dá outras providências. *Diário oficial da União*, Brasília, 9 de outubro de 2008.

BRASIL, Lei 9.605 de 12 de fevereiro de 1998. Dispõe sobre as sanções penais e administrativas derivadas das condutas e atividades lesivas ao

A proteção jurídica aos animais no Brasil   129

meio ambiente e dá outras providências. Porto Alegre: Editora Verbo Jurídico, 2010.

BRASIL, Lei 5.197, de 3 de janeiro de 1967. Dispõe sobre a proteção da fauna e dá outras providências. Disponível em: http://www.planalto. gov.br/ccivil_03/Leis/L5197.htm. Acesso em: 26 jun. 2014.

BRASIL, Lei 6.838, de 31 de agosto de 1981. Política Nacional do Meio Ambiente. Disponível em: http://www.planalto.gov.br/Ccivil_03/ Leis/L6938.htm. Acesso em: 26 jun. 2014.

BRASIL, Lei 7.347, de 24 de julho de 1985. Lei da Ação Civil Pública. Disponível em: http://www.planalto.gov.br/ccivil_03/LEIS/L7347orig. htm. Acesso em: 26 jun. 2014.

BRASIL. Projeto de Lei 2.633 de 2011. Criminaliza condutas praticadas contra cães e gatos, e dá outras providências. Disponível em: http://www. camara.gov.br/proposicoesWeb/fichadetramitacao?idProposic ao=529820. Acesso em: 26 jun. 2014.

BRASIL, Supremo Tribunal Federal, 2ª Turma. Recurso Extraordinário nº 153.531-8/SC. Recorrentes: Associação Amigos de Petrópolis – patrimônio, Proteção aos animais, Defesa da Ecologia e outros; Recorrido: Estado de Santa Catarina. Rel. Min. Francisco Rezek, maioria. Disponível em: http://redir.stf.jus.br/paginadorpub/paginador. jsp?docTP=AC&docID=211500 Acesso em: 26 jun. 2014.

BRASIL, Superior Tribunal Justiça. 2ª Turma. Recurso Especial nº 1.115.916/ MG. administrativo e ambiental – centro de controle de zoonose – sacrifício de cães e gatos vadios apreendidos pelos agentes de administração – possibilidade quando indispensável à proteção da saúde humana – vedada a utilização de meios cruéis. Disponível em: http://www.stj. jus.br/SCON/jurisprudencia/doc.jsp?livre=zoonoses&&b=ACOR&p= true&t=&l=10&i=2. Acesso em: 26 jun. 2014.

BRASIL, Supremo Tribunal Federal. Reclamação 6.451/RS. Reclamante: Federação Gaúcha de Caça e Tiro. Disponível em: http://stf.jusbrasil. com.br/jurisprudencia/22496811/reclamacao-rcl-6451-rs-stf. Acesso em: 26 jun. 2014.

BRASIL. Decreto-lei nº 14.529, de 09 de dezembro de 1920. Dá novo regulamento às casas de diversões públicas. Disponível em: http://legis. senado.gov.br/legislacao/ListaPublicacoes.action?id=52449. Acesso em 23 ago. 2014

CALHAU, Lálio Braga. Meio ambiente e tutela penal nos maus-tratos contra animais. Disponível em: http://jus.com.br/revista/texto/5585/meio-ambiente-e-tutela-penal-nos-maus-tratos-contra-animais. Acesso em: 28 mar. 2013.

CAMPOS, Joaquim Pinto de; BRANCO, Camilo Castelo. *O Senhor D. Pedro II, imperador do Brasil: biographia*. Rio de Janeiro: Typographia Pereira da Silva, 1871.

CASTRO, Henrique Tremante de. Fiscalização do Ibama combate tráfico internacional de peixes ornamentais no Amazonas. Disponível em: http://www.ibama.gov.br/publicadas/fiscalizacao-do-ibama-combate-trafico-internacional-de-peixes-ornamentais-no-amazonas. Acesso em: 17 ago. 2013.

CASTRO, Alice Viveiros de. *O circo conta sua história*: museu dos teatros. Rio de Janeiro: Funarj, 2010.

CENTROS e museus de ciência do Brasil 2009. Rio de Janeiro: Associação Brasileira de Centros e Museus de Ciência: UFRJ. FCC/ Casa da Ciência: Fiocruz. Museu da Vida, 2009.

COHEN, Daniel. *La prospérité du vice*: une introduction (inquiète) à l´économie. Paris: Michel Albin, 2009.

CONSTANTINO, Carlos Ernani. *Delitos Ecológicos*: a lei ambiental comentada artigo por artigo: aspectos penais e processuais penais. São Paulo: Atlas, 2001.

COSTA, Beatriz Souza. *Meio ambiente como direito à vida*: Brasil, Portugal e Espanha. Rio de Janeiro: Lumen Juris, 2013.

COSTA, Carlos. Em favor dos animaes. *Gazeta de Notícias*, 28/07/1912, p. 5. Disponível em: http://hemerotecadigital.bn.br/. Acesso em: 10 set. 2013.

COUTO, Leopoldo Alberto de Magalhães. *Medicação anesthesica*. Tese (doutorado em medicina) – Faculdade de Medicina do Rio de Janeiro, Rio de Janeiro, 1870. Disponível em: http://www.siaapm.cultura.mg.gov.br/acervo/teses/TM-0055.pdf. Acesso em: 10 set. 2013.

DARWIN, Charles. *Expressão das emoções no homem e nos animais*. São Paulo: Companhia das Letras, 2000.

DEBRET, Jean-Baptiste. *Viagem pitoresca e histórica ao Brasil (1816-1831)*. São Paulo, Martins Editora, 1940.

DEL PRIORE, Mary. Mato com cachorro. In: *Revista de História da Biblioteca Nacional*. Ano 5 (60), setembro,2010. p. 19-21.

DESCARTES, René. *Discurso sobre o método; e Princípios da Filosofia*. São Paulo: Folha de São Paulo (Coleção Folha: Livros que mudaram o mundo; v.6), 2010.

DESTRO, Guilherme Fernando Gomes et al. Esforços para o combate ao tráfico de animais silvestres no Brasil. Disponível em: http://www.ibama.gov.br/sophia/cnia/periodico/esforcosparaocombateaotraficodeanimais.pdf. Acesso em: 17 ago. 2013.

DEUTSCHE WELLE. União Europeia proíbe venda de cosméticos testados em animais. UOL notícias, 11 de março de 2013. Disponível em: http://noticias.uol.com.br/meio-ambiente/ultimas-noticias/redacao/2013/03/11/uniao-europeia-proibe-venda-de-cosmeticos--testados-em-animais.htm. Acesso em: 26 jun. 2014.

DIAMOND, Jared. *Armas, germes e aço*: os destinos das sociedades humanas. Rio de Janeiro: Record, 2003.

DIAS, Edna Cardoso. *A tutela jurídica dos animais*. Belo Horizonte: Mandamentos, 2000.

DUARTE, Regina Horta. *Noites circenses*: espetáculos de circo e teatro em Minas Gerais no século XIX. Campinas: Editora da Unicamp, 1995.

EDLER, Flávio Coelho. O debate em torno da medicina experimental no segundo reinado. *História, Ciências, Saúde-Manguinhos*, v. 3 (2), 1996. p. 284-299.

ELIAS, Rodrigo. Império Animal. *Revista de História da Biblioteca Nacional*. Ano 5 (60), setembro, 2010. p. 22-24.

ELLIS, Myriam. *A baleia no Brasil colonial*. São Paulo: Melhoramentos, 1969.

FELIPE, Sônia T. Dos Direitos morais aos Direitos Constitucionais: Para além do especismo elitista e eletivo. *Revista Brasileira de Direito Animal*, Ano 2(1), 2007. p. 169-185.

FERRY, Luc; GERMÉ, Claudine. *Des animaux et des hommes* : anthologie des textes remarquables, ecrits sur le sujet, du XVe siècle a nous jours. Paris: Le Livre de Poche, 1994.

FIORILLO, Celso Antônio Pacheco. *Curso de direito ambiental brasileiro.* 4 ed. São Paulo: Saraiva, 2003.

FRANCIONE, Gary L. Reflections on animals, property, and the law and rain without thunder. *Law & Contemporary Problems*, v. 70, 2007. p. 9-58.

FRANCIONE. Gary L. *Introdução aos direitos animais.* Campinas: Ed. da Unicamp, 2013.

FREIREYSS, G. Wilhelm. *Viagem ao interior do Brasil nos anos de 1814-1815.* Belo Horizonte: Editora Itatiaia, 1982.

FREITAS, Vladimir Passos de; FREITAS, Gilberto Passos de. Crimes contra a natureza: de acordo com a Lei 9.605/98. 8ª ed. São Paulo: Editora Revista dos Tribunais, 2006.

FREYRE, Gilberto. *Sobrados e mucambos*: decadência do patriarcado e desenvolvimento do urbano. São Paulo: Global, 2006.

GODINHO, Paulo Roberto. No rastro dos abandonados: identificação de raças de cães brasileiras. *Revista de História da Biblioteca Nacional.* Ano 5 (60), 2010. p. 37-39.

GONÇALVES, Viviane. Maus tratos. *República 1*, v. (6), 2013, p. 61-62. Disponível em: http://issuu.com/republica1/docs/006_setembro_2013_ republica1.

GONZAGA, Luiz. Assum preto. Disponível em: http://letras.mus.br/luiz-gonzaga/. Acesso em: 25 jun. 2014.

GREENPEACE. O surgimento do Greenpeace. Disponível em: http://www.greenpeace.org/brasil/pt/quemsomos/Greenpeace-no-mundo/. Acesso em: 17 ago. 2013.

KOTAIT, Ivanete et al. *Raiva*: aspectos gerais e clínica. São Paulo, Instituto Pasteur, 2009. Disponível em: http://www.saude.sp.gov.br/ resources/instituto-pasteur/pdf/manuais/manual_08.pdf. Acesso em: 17 dez. 2013.

LACERDA, Eugênio Pascele. *As farras do boi no litoral de Santa Catarina.* Dissertação (mestrado em antropologia social) – UFSC, Florianópolis,1994.

LECEY, Eladio. A proteção do meio ambiente e a responsabilidade penal da pessoa jurídica. In: FREITAS, Vladimir Passos (org). *Direito Ambiental em evolução.* Curitiba: Juruá, 1998.

LESLIE, Jeff; SUNSTEIN, Cass R. Animal Rights without controversy. *Law & Contemporary Problems*, v. 70, 2007. p. 117-138.

LESSA, Clado Rideiro de. *Vocabulário de caça*. Companhia Editora Nacional, 1944.

LEVAI, Fernando Laerte; SOUZA, Verônica Martins de. Memórias de sangue: a história da caça à baleia no litoral Paraibano. *Revista Brasileira de Direito Animal*. Ano 4 (5), 2009. p. 269-289.

LEVAI, Fernando Laerte. *Direito dos animais*. Campos do Jordão: Mantiqueira, 2004.

_____. José do Patrocínio, o abolicionista. Disponível em: http://www.anda.jor.br/01/07/2009/jose-do-patrocinio-o-abolicionista. Acesso em: 10 set. 2013.

_____. Ministério Público e proteção jurídica dos animais. Disponível em: http://www.forumnacional.com.br/ministerio_publico_e_protecao_juridica_dos_animais.pdf. Acesso em: 10 set. 2013.

_____. Abusos e crueldades para com animais. Exibições circenses. Bichos cativos. In: BENJAMIN, Antônio Herman (coord). *Revista de Direito Ambiental*. Ano 31, jun-set, 2003. p. 238-276.

_____. Proteção jurídica da fauna. In *Manual prático da promotoria de justiça de meio ambiente*. São Paulo: Imprensa Oficial do Estado de São Paulo/ Ministério Público do Estado de São Paulo, 2005. p. 569-589.

LISTA de aves silvestres brasileiras em vias de extinção; verbete da Wikipédia. Disponível em: http://pt.wikipedia.org/wiki/Anexo:Lista_de_aves_silvestres_brasileiras_em_vias_de_extin%C3%A7%C3%A3o Acesso em: 26 de jun. de 2014.

LORENZ, Konrad. *Tous les chiens, tous les chats*. Paris: Flamarion, 1970.

MARTINS, Marcos Lobato. *História e meio ambiente*. São Paulo: Annablume, Faculdades Pedro Leopoldo, 2007.

MARQUES, Ruy Garcia et al. Rumo à regulamentação da utilização de animais no ensino e na pesquisa científica no Brasil. *Acta Cir. Bras.*, São Paulo, v. 20(3), 2005 . Disponível em: http://www.scielo.br/scielo.php?script=sci_arttext&pid=S0102-86502005000300013&lng=en&nrm=iso. Acesso em: 30 dez. 2013.

MAXIMILIANO, Príncipe de Wied-Neuwied. *Viagem ao Brasil (1815-1817)*. São Paulo, Companhia Editora Nacional, 1940.

MEIRELES, Cecília. *Ou isto ou aquilo*. Rio de Janeiro: Nova Fronteira, 1990, p.12.

MELO, Lúcio Esmeraldo Honório de et al. De alveitares a veterinários: notas históricas sobre a medicina animal e a Escola Superior de Medicina Veterinária São Bento de Olinda, Pernambuco (1912-1926). *História, Ciências, Saúde – Manguinhos*, v. 17(1), 2010. p. 107-123.

MENESES, José Newton Coelho. *O continente rústico:* abastecimento alimentar nas Minas Gerais setecentistas. Diamantina: Maria Fumaça, 2000.

MENSAGEM apresentada ao Congresso Legislativo na 2ª sessão da 14ªLegislatura, em 14 de julho de 1929, pelo Doutor Julio Prestes de Albuquerque, Presidente do Estado de São Paulo. São Paulo: Imprensa Oficial, 1930.

MILARÉ, Edis. *Direito do Ambiente*: doutrina, prática, jurisprudência, glossário. 2 ed. São Paulo: Editora Revista dos Tribunais, 2001.

MILARÉ, Edis; LOURES, Flavia Tavares Rocha. O papel do terceiro setor na proteção jurídica do ambiente. *Revista de Direito Ambiental*. Ano 5, jul./set., 2004. p. 123-145.

MORA, S. Ferrater. *Dicionário de Filosofia* - tomo I (A-D). São Paulo: Loyola, 2000.

NACONECY, Carlos M. *Ética & animais*: um guia de argumentação filosófica. Porto Alegre: EDIPUCRS, 2006.

_____. *Bem-estar animal ou libertação animal?* Uma análise crítica da argumentação antibem-estarista de Gary Francione. *Revista Brasileira de Direito Animal*. Ano 4, jul-set, 2009. p. 45-65.

NAVES, Bruno Torquato de Oliveira; SOUZA, Marina dos Santos. Experimentação com animais: um estudo comparativo entre a Lei 11.794 de 2008 (Lei Arouca) e a Diretiva 2010/63 da União Europeia. *Construindo relações entre o público e o privado no século XXI*. Belo Horizonte: Editora D'Plácido, 2014, p.141-150.

NETO, Ricardo Bonahuma. Dieta rica em carboidrato separou os cães dos lobos. *Folha de São Paulo*, 13 fev. 2013. Caderno Ciência + Saúde, p. 7.

ONU (Organização das Nações Unidas (ONU) - Resolução 37/7 (Carta Mundial para a Natureza), 28 de outubro de 1982. Disponível em: http://www.un.org/documents/ga/res/37/a37r007.htm. Acesso em: 22 ago. 2014

A proteção jurídica aos animais no Brasil

PACIEVITCH, Thais. Farra do Boi. Disponível em http://www.infoescola.com/folclore/farra-do-boi/ Acesso em 23 ago. 2014.

PÁDUA, José Augusto. *Um sopro de destruição*: pensamento político e crítica ambiental no Brasil Escravista (1786-1888). Rio de Janeiro: Zahar, 2002.

PEA. *Estudos relacionam violência a agressão contra animais.* Disponível em: http://www.pea.org.br. Acesso em: 9 jan. 2014

PEREIRA DA COSTA, Francisco Augusto. *Anais Pernambucanos, 1834 -1850.* Recife: Fundarpe, 1985.

PEREIRA, João Manuel Esteves. *Portugal:* diccionario historico, chorographico, heraldico, biographico, bibliographico, numismatico e artístico. Lisboa: J. Romano Torres, 1904.

PEREIRA, Paulo Roberto (org). *Carta de Caminha*: a notícia do achamento do Brasil. Rio de Janeiro: Expressão e cultura, 2002.

PITBULL – verbete da Wikipédia. Disponível em: http://pt.wikipedia.org/wiki/Pit_bull Acesso em: 17 ag. 2013.

PONTES, Bianca Calçada. Lei n$^{\underline{o}}$ 11.101/11: análise das políticas públicas para animais domésticos e domesticados no município de Porto Alegre. *Revista de Direito Animal.* Ano 7, jul.-dez. 2012. p. 234-265. Disponível em: www.portalseer.ufba.br/index.php/RBDA/article/view/8419 Acesso em: 24 jun. 2014.

RAMALHO, Manuel de Araujo Castro. *Synopsis de zoologia, ou estudo geral dos animaes.* Porto Alegre: Typographia da Deutsche Zeitung, 1882.

RAMINELLI, Ronald. *Viagens ultramarinas*: monarcas, vassalos e governo a distância. São Paulo: Alameda, 2008.

REGAN, Tom. *Jaulas vazias*: encarando o desafio dos direitos animais. Porto Alegre: Lugano, 2006.

REGIS, Arthur Henrique de Pontes. *Experimentação animal no Brasil*: panorama da Lei Federal n$^{\underline{o}}$ 11.794/2008 (Lei Arouca). Dissertação (mestrado em bioética). Faculdade de Ciências da Saúde da Universidade de Brasília, 2010.

RINHA. Disponível em: http://www.pea.org.br/crueldade/rinha/index.htm. Acesso em: 17 ago. 2013.

RIVERA, Ekaterina Akimovna Botovschenko. Ética na experimentação animal. *Revista de patologia tropical.* Vol. 30, jan.-jun., 2001. p. 9-14.

RSPCA. Disponível em: http://www.rspca.org.uk/in-action/aboutus. Acesso em: 17 ago. 2013.

SAEZ, Oscar Calavia. Família Animal. *Revista de História da Biblioteca Nacional*. Ano 5 (60), setembro, 2010. p. 29-31.

SALES, Elisabete Brenda Araújo de. Os cultos religiosos e o sacrifício de animais diante da legislação vigente. *Cadernos de Graduação*: Ciências Humanas e Sociais, Vol. 1 (14), 2012, p. 115-126. Disponível em: https://periodicos.set.edu.br/index.php/cadernohumanas/article/view/144/146 Acesso em: 16 set. 2013.

SANTANA, Heron José de. Abolicionismo animal. *Revista de Direito Ambiental* nº 36. Ano 08, jul.-set., 2004. p.100-123.

_____. Os crimes contra a fauna e a filosofia jurídica ambiental. In: SOARES JUNIOR, Jarbas; GALVÃO, Fernando. *Direito Ambiental na visão da magistratura e do Ministério Público*. Belo Horizonte: Del Rey, 2003. p 305-327.

SANTOS FILHO, Lycurgo. *História geral da medicina brasileira*. São Paulo: Hucitec/Edusp, 1977, vol. 1.

SARLET, Ingo Wolfgang. Algumas notas sobre a dimensão ecológica da dignidade da pessoa humana e sobre a dignidade da vida em geral. *Revista Direito Público*, n. 19, jan.-fev., 2008. p.7-26.

SCHWARTZ, Suart B. *Segredos internos*: engenhos e escravos na sociedade colonial. São Paulo: Companhia da Letras, 1988.

SEGATA, Jean. *Nós e os outros humanos, os animais de estimação*. Tese (doutorado em antropologia social) – Centro de Filosofia e Ciências Humanas da Universidade Federal de Santa Catarina, 2012.

SILVA, Luiz Geraldo (coord.). *Os pescadores na história do Brasil*: Colônia e Império. Petrópolis: Vozes, 1988.

SINGER, Peter. *Libertação animal*. São Paulo: Martins Fontes, 2010.

_____ . Libertação animal: uma perspectiva pessoal. In: *Escritos sobre uma vida ética*. Lisboa: Dom Quixote, 2008, p. 305-313.

SZNICK, Valdir. *Direito penal ambiental*. São Paulo: Ícone, 2001.

SOUZA, Bernardino José de. *Ciclo do carro de bois no Brasil*. São Paulo: Companhia Editora Nacional, 1958.

SPA. Disponível em: http://www.spa.asso.fr/un-peu-d-histoire. Acesso em: 17 ago. 2013.

THOMAS, Keith. *O homem e o mundo natural*: mudanças de atitudes em relação às plantas e aos animais (1500-1800). São Paulo: Companhia das Letras, 2010.

THOMPSON, Edward P. *Senhores e caçadores*: a origem da Lei Negra. Rio de Janeiro: Paz e Terra, 1987.

TRIBE, Laurence H. Dez lições que a nossa experiência constitucional pode nos ensinar a respeito do quebra - cabeça dos direitos dos animais: O trabalho de Steven M. Wise. *Revista Brasileira de Direito Animal*. Ano 4, nov.-dez., 2009. p. 111-121.

TUGLIO, Vânia Maria. Espetáculos públicos e exibição de animais. In: *Manual prático da promotoria de justiça de meio ambiente*. São Paulo: Imprensa oficial do Estado de São Paulo: Ministério Público do Estado de São Paulo, 2005. p.483-500

UIPA. Disponível em: http://www.uipa.org.br. Acesso em: 10 set. 2013.

VARNHAGEN, Francisco Adolfo. *Caça no Brasil, ou manual do caçador em toda a América tropical*. Rio de Janeiro: E. & H., Laehmert, 1860.

VERSIGNASSI, Alexandre, GARATTONI, Bruno, URBIM, Emiliano. Cachorros, por que eles viraram gente? *Revista Super Interessante*, março, n. 263, 2009. Disponível em: http://super.abril.com.br/mundo--animal/cachorros-eles-viraram-gente. Acesso em: 15 jun. 2013.

VIDAPETNEWS. Disponível em: http://vidapetnews.com.br/portal/index.php/ministerio-da-saude-quer-impedir-municipios-a-cuidarem-dos--animais-de-estimacao. Acesso em: 10 set. 2013.

VOLTAIRE. *Dicionário filosófico*. São Paulo: Abril Cultural, 1978.

WSPA. Disponível em: http://www.wspabrasil.org/whoarewe/Default.aspx Acesso em: 17 ag. 2013.

Livros publicados pela Coleção FGV de Bolso

(01) *A história na América Latina – ensaio de crítica historiográfica* (2009)
de Jurandir Malerba. 146p.
Série 'História'

(02) *Os Brics e a ordem global* (2009)
de Andrew Hurrell, Neil MacFarlane, Rosemary Foot e Amrita Narlikar. 168p.
Série 'Entenda o Mundo'

(03) *Brasil-Estados Unidos: desencontros e afinidades* (2009)
de Monica Hirst, com ensaio analítico de Andrew Hurrell. 244p.
Série 'Entenda o Mundo'

(04) *Gringo na laje – produção, circulação e consumo da favela turística* (2009)
de Bianca Freire-Medeiros. 164p.
Série 'Turismo'

(05) *Pensando com a sociologia* (2009)
de João Marcelo Ehlert Maia e Luiz Fernando Almeida Pereira. 132p.
Série 'Sociedade & Cultura'

(06) *Políticas culturais no Brasil: dos anos 1930 ao século XXI* (2009)
de Lia Calabre. 144p.
Série 'Sociedade & Cultura'

(07) *Política externa e poder militar no Brasil: universos paralelos* (2009)
de João Paulo Soares Alsina Júnior. 160p.
Série 'Entenda o Mundo'

(08) *A mundialização* (2009)
de Jean-Pierre Paulet. 164p.
Série 'Sociedade & Economia'

(09) *Geopolítica da África* (2009)
de Philippe Hugon. 172p.
Série 'Entenda o Mundo'

(10) *Pequena introdução à filosofia* (2009)
de Françoise Raffin. 208p.
Série 'Filosofia'

(11) *Indústria cultural – uma introdução* (2010)
de Rodrigo Duarte. 132p.
Série 'Filosofia'

(12) *Antropologia das emoções* (2010)
de Claudia Barcellos Rezende e Maria Claudia Coelho. 136p.
Série 'Sociedade & Cultura'

(13) *O desafio historiográfico* (2010)
de José Carlos Reis. 160p.
Série 'História'

(14) *O que a China quer?* (2010)
de G. John Ikenberry, Jeffrey W. Legro, Rosemary Foot e Shaun Breslin. 132p.
Série 'Entenda o Mundo'

(15) *Os índios na História do Brasil* (2010)
de Maria Regina Celestino de Almeida. 164p.
Série 'História'

(16) *O que é o Ministério Público?* (2010)
de Alzira Alves de Abreu. 124p.
Série 'Sociedade & Cultura'

(17) *Campanha permanente: o Brasil e a reforma do Conselho de Segurança das Nações Unidas* (2010)
de João Augusto Costa Vargas. 132p.
Série 'Sociedade & Cultura'

(18) *Ensino de história e consciência histórica: implicações didáticas de uma discussão contemporânea* (2011)
de Luis Fernando Cerri. 138p.
Série 'História'

(19) *Obama e as Américas* (2011)
de Abraham Lowenthal, Laurence Whitehead e Theodore Piccone. 210p.
Série 'Entenda o Mundo'

(20) *Perspectivas macroeconômicas* (2011)
de Paulo Gala. 134p.
Série 'Economia & Gestão'

(21) *A história da China Popular no século XX* (2012)
de Shu Sheng. 204p.
Série 'História'

(22) *Ditaduras contemporâneas* (2013)
de Maurício Santoro. 140p.
Série 'Entenda o Mundo'

(23) *Destinos do turismo – percursos para a sustentabilidade* (2013)
de Helena Araújo Costa. 166p.
Série 'Turismo'

(24) *A construção da Nação Canarinho – uma história institucional da seleção brasileira de futebol, 1914 - 1970* (2013)
de Carlos Eduardo Barbosa Sarmento. 180p.
Série 'História'

(25) *A era das conquistas – América espanhola, séculos XVI e XVII* (2013)
de Ronaldo Raminelli. 180p.
Série 'História'

(26) *As Misericórdias portuguesas – séculos XVI e XVII* (2013)
de Isabel dos Guimarães Sá. 150p.
Série 'História'

(27) *A política dos palcos – teatro no primeiro governo Vargas (1930-1945)* (2013)
de Angélica Ricci Camargo. 150p.
Série 'História'

(28) *A Bolsa no bolso – fundamentos para investimentos em ações* (2013)
de Moises e Ilda Spritzer. 144p.
Série 'Economia & Gestão'

(29) *O que é Creative Commons? Novos modelos de direito autoral em um mundo mais criativo* (2013)
de Sérgio Branco e Walter Britto. 176p.
Série 'Direito e Sociedade'

(30) *A América portuguesa e os sistemas atlânticos na Época Moderna - Monarquia pluricontinental e Antigo Regime* (2013)
de João Fragoso, Roberto Guedes e Thiago Krause. 184p.
Série 'História'

(31) *O Bolsa Família e a social-democracia* (2013)
de Débora Thomé. 158p.
Série 'Sociedade & Cultura'

(32) *A Índia na ordem global* (2013)
de Oliver Stuenkel (Coord.). 120p.
Série 'Entenda o Mundo'

(33) *Escravidão e liberdade nas Américas* (2013)
de Keila Grinberg e Sue Peabody. 146p.
Série 'História'

(34) *Meios alternativos de solução de conflitos* (2013)
de Daniela Gabbay, Diego Faleck e Fernanda Tartuce. 104p.
Série 'Direito & Sociedade'

(35) *O golpe de 1964 – momentos decisivos* (2014)
de Carlos Fico. 148p.
Série 'História'

(36) *Livro digital e bibliotecas* (2014)
de Liliana Giusti Serra. 186p.
Série 'Sociedade & Cultura'

Este livro foi impresso nas oficinas gráficas da Editora Vozes Ltda.,
Rua Frei Luís, 100 – Petrópolis, RJ,